はじめて学ぶ
ドイツ語文法

七字眞明・山口祐子

慶應義塾大学出版会

を示したテクストには

オンラインの音声教材が用意されています。

視聴・ダウンロード方法については、

https://www.keio-up.co.jp/deutsch/ をご参照ください。

はしがき

　本書は、大学ではじめてドイツ語を学ぶみなさんが、初級文法をひととおり学習することを目的としています。全体で 20 課、各課 4 ページから成ります。各課の構成は以下のとおりです。

　文法説明　原則として前半 2 ページで「これだけはどうしても身につけてほしい」という基本事項を説明しています。できるだけ簡略にし、教える先生方の解説に素材を提供する程度にとどめています。

　コラム　基本事項に加えて、さらに詳しい説明が必要な文法事項や、基本的な語彙などがまとめられています。

　練習問題　**文法説明**で取り上げた項目を練習します。聴解や発話練習もできるように、例文には平易な表現を厳選し、穴埋め問題などにもネイティブによる吹込みをつけました。「聞き取ってみましょう」では、完成した例文を使って会話の練習もできます。

　本書の作成にあたっては、佐藤恵先生と津﨑正行先生に、原稿に目を通していただきました。ドイツ語のチェックは、Eva Wölbling 先生と Lars Bauer 先生にお願いしました。巻末付録の一部は、慶應義塾大学通信教育課程のテキスト教材から転載されたものです。ご協力くださったすべての皆様に、厚く御礼申し上げます。

　ドイツ語初学者のみなさんが、本書を通じて、ゆっくり、しかし確実に、ドイツ語の仕組みを学べることを願っています。

　2023 年春

著者一同

. . . .

＊本書の前身は、1982 年、慶應義塾大学ドイツ語部会の要請により、尾崎盛景先生、関口一郎先生、大谷弘道先生、井戸田総一郎先生、岩下眞好先生が執筆された『新編初歩ドイツ語』です。1995 年に、大谷先生、井戸田先生、岩下先生に、大畑純一先生、識名章喜先生が加わって編まれた改版でも、「枝葉末節はできるだけ切り捨て、是非これだけはという太い線を引いて、後は学習者の意欲を誘い出す」という尾崎先生の方法論は踏襲されました。初版刊行以来 40 年余りが経ちましたが、sollen の部分を少なくし、学習者の wollen を重視するという『新編初歩ドイツ語』の方針は、本書も踏襲しています。執筆は、慶應義塾大学ドイツ語部会の要請により、七字眞明、山口祐子が担当しました。

目次　Inhaltsverzeichnis

Das Alphabet

001

文字の名称	音価	文字の名称	音価
A a [a:][アー]	[a:][a][アー][ア]	**Ä ä** [ɛ:][エー]	[ɛ:][ɛ][エー][エ]
B b [be:][ベー]	[b][p][ブ][プ]		
C c [tse:][ツェー]	[k][ク]		
D d [de:][デー]	[d][t][ド][ト]		
E e [e:][エー]	[e:][ɛ][ə][エー][エ]		
F f [ɛf][エフ]	[f][フ]		
G g [ge:][ゲー]	[g][k][グ][ク]		
H h [ha:][ハー]	[h][ハ]		
I i [i:][イー]	[i:][i][ɪ][イー][イ]		
J j [jɔt][ヨット]	[j][ユ]		
K k [ka:][カー]	[k][ク]		
L l [ɛl][エル]	[l][ル]		
M m [ɛm][エム]	[m][ム]		
N n [ɛn][エン]	[n][ヌ]		
O o [o:][オー]	[o:][ɔ][オー][オ]	**Ö ö** [ø:][エー]	[ø:][œ][エー][エ]
P p [pe:][ペー]	[p][プ]		
Q q [ku:][クー]	[k][ク]		
R r [ɛr][エル]	[r][ə][ル][ア]		
S s [ɛs][エス]	[s][z][ス][ズ]		
T t [te:][テー]	[t][ト]		
U u [u:][ウー]	[u:][ʊ][ウー][ウ]	**Ü ü** [y:][イユー]	[y:][ʏ][イユー][イユ]
V v [faʊ][ファオ]	[f][フ]		
W w [ve:][ヴェー]	[v][ヴ]		
X x [ɪks][イクス]	[ks][クス]		
Y y [ʏpsilɔn][ユプシロン]	[y:][ʏ][イユー][イユ]		
Z z [tsɛt][ツェット]	[ts][ツ]	**ß** [ɛstsɛt][エスツェット]	[s][ス]

第 1 課　発　音

002

> Guten Tag!　　こんにちは。

003

●原則

（1）ローマ字読み

Danke! — Bitte!
ありがとう！— どういたしまして！

（2）アクセントは第一音節

Frankfurt	aber
フランクフルト	しかし

（3）母音の長短

Name	kommen
名前	来る

（4）語末・音節末の b, d, g

halb	Abend	Tag
半分の	晩	日

ただし：Übung
　　　　練習

（5）母音＋h（無音）

nehmen	gehen
取る（英 *take*）	行く

●変母音

004

（6）ä

Träne	Hände
涙	手（複数）

（7）ö

hören	öffnen
聞く	開ける

（8）ü

müde	Glück
疲れた	幸福

● 二重母音

005

(9) au　　　　　　　　　aus　　　　　　　　Frau
　　　　　　　　　　　　　〜から　　　　　　　女性・〜さん

(10) ei　　　　　　　　　Eis　　　　　　　　mein
　　　　　　　　　　　　　アイス　　　　　　　私の

(11) ie　　　　　　　　　Liebe　　　　　　　ただし：Italien
　　　　　　　　　　　　　愛　　　　　　　　　イタリア（⇒コラム参照）

(12) eu　　　　　　　　　Euro　　　　　　　heute
　　　　　　　　　　　　　ユーロ　　　　　　　今日

(13) äu　　　　　　　　　Bäume　　　　　　träumen
　　　　　　　　　　　　　樹木（複数）　　　　夢をみる

● 子音の注意点

006

(14) ch（a, o, u, au のあとで）　auch　　　　　noch
　　　　　　　　　　　　　　　　　〜もまた　　　　まだ

(15) ch（上記以外）　　　ich　　　　　　　sprechen
　　　　　　　　　　　　　私　　　　　　　　話す

(16) -ig　　　　　　　　　fünfzig　　　　　richtig
　　　　　　　　　　　　　50（数字）　　　　正しい

(17) chs　　　　　　　　Fuchs　　　　　　sechs
　　　　　　　　　　　　　キツネ　　　　　　　6（数字）

(18) j　　　　　　　　　　Japan　　　　　　Jacke
　　　　　　　　　　　　　日本　　　　　　　　ジャケット

(19) 語末・音節末の r, er　　er　　　　　　　hier
　　　　　　　　　　　　　彼　　　　　　　　　ここ

(20) s（母音の前で）　　　Sie　　　　　　　sehr
　　　　　　　　　　　　　あなた　　　　　　　とても

(21) ss, ß	Fluss 川	heißen 〜という名だ
(22) 語頭の sp-，st-	spielen 遊ぶ	Straße 通り
(23) sch	Schule 学校	schön 美しい
(24) tsch	Deutsch ドイツ語	tschüs バイバイ
(25) v	Vater 父	viel 多くの
(26) w	wie どのように（英 how）	wohnen 住む
(27) z，ts，tz	Zeit 時間	nichts jetzt 何も〜ない 今

007

コラム　外来語の発音例（原則から外れることがあります）

ie	Familie	家族				
eu	Museum	美術館・博物館				
ch	Chef	上司				
g, j	Genie	天才	Journalist	ジャーナリスト		
v	Universität	大学	Klavier	ピアノ		
rh, th	Rhythmus	リズム	Thema	テーマ	Theater	劇場
ti	Situation	状況	Aktie	証券		

008

A. ゆっくりと発音してみましょう。

1. Guten Morgen, Frau Müller! ミュラーさん、おはようございます。
2. Guten Tag, Herr Müller! ミュラーさん、こんにちは。
3. Guten Abend, Anna! アンナ、こんばんは。
4. Gute Nacht! おやすみなさい。
5. Wie geht es Ihnen? - Danke, gut. Und Ihnen?
　 ご機嫌いかがですか?―ありがとう、元気です。あなたはどうですか?
6. Danke schön. どうもありがとうございます。
7. Bitte schön. どういたしまして / どうぞ。
8. Wie bitte? 何とおっしゃいましたか?
9. Entschuldigung! すみません。
10. Auf Wiedersehen! さようなら。

009

B. ドイツ語で尋ね、答えてみましょう。

1. Wie heißen Sie? - Ich heiße... / Mein Name ist...
2. Wo wohnen Sie? - Ich wohne in...
3. Was ist Ihr Hobby? - Mein Hobby ist...

趣味のいろいろ

angeln	lesen	reisen	tanzen	singen
釣りをする	読書する	旅する	踊る	歌う

Geige/ Flöte/ Klavier spielen バイオリン / フルート / ピアノを演奏する

Fußball/ Tennis/ Tischtennis spielen サッカー / テニス / 卓球をする

Musik hören 　　　　 Filme/ Videos sehen 　　　　 Filme/ Videos machen
音楽を聴く 　　　　 映画（動画）を観る 　　　　 映画（動画）をつくる

ins Museum/ Kino/ Theater gehen 　　　 美術館 / 映画館 / 劇場へ行く

einkaufen/ spazieren/ wandern gehen 　　　 買い物 / 散歩 / ハイキングに出かける

第2課　動詞の現在人称変化（1）

010

> **Spielen Sie** gern Klavier?　　あなたはピアノをひくのが好きですか？
>
> Ja, **ich spiele** sehr gern Klavier.　はい、私はピアノをひくのがとても好きです。

● 動詞の構造：語幹と語尾

ドイツ語の動詞は「語幹」と「語尾」の2つの部分からできています。「語幹」は原則として変化しませんが、「語尾」は、主語の人称（1人称、2人称、3人称）と数（単数、複数）に応じて変化します。

komm-en　　　　　lern-en　　　　　spiel-en　　　　　wohn-en

● 動詞の現在人称変化

現在形は、不定形を次のように人称変化させてつくります。人称変化した後の動詞のことを「定形」と呼びます。

（1）規則変化

lern-en（学ぶ）			
単数 *sg.*		複数 *pl.*	
1人称　ich	lern**e**	wir	lern**en**
2人称　du	lern**st**	ihr	lern**t**
3人称　er 　　　　sie 　　　　es	lern**t**	sie	lern**en**
2人称（社交称＊）		Sie lern**en**	

＊敬称とも呼ばれます。

6

(2) 口調上の例外

heißen （〜という名前だ）		
単数 *sg.*		複数 *pl.*
1 人称　ich　heiß**e**		wir　heiß**en**
2 人称　du　heiß**t**		ihr　heiß**t**
3 人称　er / sie / es ┤ heiß**t**		sie　heiß**en**
2 人称（社交称）Sie heiß**en**		

arbeiten （働く）		
単数 *sg.*		複数 *pl.*
1 人称　ich　arbeit**e**		wir　arbeit**en**
2 人称　du　arbeit**est**		ihr　arbeit**et**
3 人称　er / sie / es ┤ arbeit**et**		sie　arbeit**en**
2 人称（社交称）Sie arbeit**en**		

語幹が—s、—ß などで終わるもの：
du —t

語幹が—d、—t、—ffn などで終わるもの：
du —**est**　　　ihr —**et**
er/sie/es　—**et**

011

Wie heißt du? — Ich heiße Paul.
君の名前は？—私はパウルといいます。

Arbeitest du in Berlin?
君はベルリンで仕事をしているの？

(3) sein と haben の現在人称変化

sein （英＝ *be*）		
単数 *sg.*		複数 *pl.*
1 人称　ich　**bin**		wir　**sind**
2 人称　du　**bist**		ihr　**seid**
3 人称　er / sie / es ┤ **ist**		sie　**sind**
2 人称（社交称）Sie **sind**		

haben （英＝ *have*）		
単数 *sg.*		複数 *pl.*
1 人称　ich　**habe**		wir　hab**en**
2 人称　du　**hast**		ihr　habt
3 人称　er / sie / es ┤ **hat**		sie　hab**en**
2 人称（社交称）Sie hab**en**		

012

Wo bist du jetzt?　　　— Ich bin jetzt zu Hause.
君は今どこにいるの？　　— 私は今自宅にいます。

Haben Sie heute Zeit?　　　　　— Ja, ich habe heute Zeit.
あなたには今日時間はありますか？　— はい、私には今日時間があります。

Frau Müller ist erkältet. Sie hat auch Fieber.
ミュラーさんは風邪をひいています。彼女には熱もあります。

コラム① 定形第 2 位

平叙文と補足疑問文（⇒コラム②参照）では、文を意味の単位（文成分）で区切ったときに、定形（人称変化した後の動詞）が必ず二番目に置かれます。主語以外の成分が文頭に置かれるときは、主語は通常定形の直後に置かれます。

Er	**wohnt**	jetzt	in München.
Jetzt	**wohnt**	er	in München.
In München	**wohnt**	er	jetzt.
Wo	**wohnt**	er	jetzt?

コラム② 疑問文のつくり方

疑問詞のない疑問文（「はい」か「いいえ」で答えられる疑問文で「決定疑問文」と呼ぶ）では、定形が文頭に置かれます（定形第 1 位）。補足疑問文（疑問詞とともに用い、「はい」か「いいえ」で答えられない疑問文）では、疑問詞が文頭に、その次に定形が置かれます（定形第 2 位）。

013

Wohnst du jetzt in München?
君は今ミュンヘンに住んでいるの？

　　　　　　　– Ja, ich wohne jetzt in München.
　　　　　　　– はい、私は今ミュンヘンに住んでいます。

　　　　　　　– Nein, ich wohne jetzt in Berlin.
　　　　　　　– いいえ、私は今ベルリンに住んでいます。

Wo wohnst du jetzt?
君は今どこに住んでいるの？

　　　　　　　– Ich wohne jetzt in München.
　　　　　　　– 私は今ミュンヘンに住んでいます。

　　　　　　　(Jetzt wohne ich in München.)
　　　　　　　(今私はミュンヘンに住んでいます。)

疑問詞のいろいろ

wann いつ	wie どのように	woher どこから	wo どこ	wohin どこへ
wer 誰が	was 何が / 何を	warum なぜ　等		

8

A. 下線部に（　　　）内の動詞を定形にして入れ、文を完成させましょう。

014

1. Ich _____ aus Deutschland.　　　　(kommen)
2. Was _____ du gern?　　　　(machen)
3. Wohin _____ ihr jetzt?　　　　(gehen)
4. Wie _____ du?　　　　(heißen)
5. Frau Müller _____ in Österreich.　　　　(arbeiten)

B. 下線部に（　　　）内の動詞を定形にして入れ、文を完成させましょう。

015

1. _____ Sie müde?　　　　(sein)
2. Wo _____ Frau Müller?　　　　(sein)
3. _____ du heute Zeit?　　　　(haben)
4. Herr Müller _____ Fieber.　　　　(haben)

C. 日本語にしましょう。

016

1. Wie heißt sie? — Sie heißt Anna.
2. Was ist sie von Beruf? — Sie ist Lehrerin.
3. Sie spielt gern Fußball.

D. ドイツ語にしましょう。

017

1. 彼は Paul という名前です。
2. Paul はドイツの大学で学んでいます（in Deutschland studieren）。
3. 彼は音楽を聴くのが好きです（gern Musik hören）。

＊ 聞き取ってみましょう。

018

1. (　　　　　) (　　　　　　　　) Sie?
2. (　　　　　) machen Sie (　　　)?
3. (　　　　　　) Sie gern Deutsch?

第3課　冠詞と名詞（1）

019

> Das ist **ein Wörterbuch. Das Wörterbuch** ist sehr praktisch.
> これは辞書です。その辞書はとても便利です。
>
> Ich suche **einen Lehrer. Der Lehrer** heißt Herr Müller.
> 私はある先生を探しています。その先生はミュラーさんという名前です。

● 名詞の性と格

（1）名詞の性

ドイツ語の名詞には、男性（*masculinum*＝m.）、女性（*femininum*＝f.）、中性（*neutrum*＝n.）という文法上の性があります。名詞の性は、事物にも使われます。

男性名詞（*m.*）	女性名詞（*f.*）	中性名詞（*n.*）	複数形（*pl.*）
der Mann	die Frau	das Kind	die Eltern
der Tisch	die Tasche	das Haus	die Häuser

（2）名詞の格

ドイツ語の名詞と代名詞には、文中での役割を示す「格」があります。「格」には、主格（＝1格）、属格（＝2格）、与格（＝3格）、対格（＝4格）があります。

020

主（＝1）格　　**Der** Lehrer heißt Müller.　　　　その先生はミュラーという名前です。

属（＝2）格　　Das ist das Buch **des** Lehrer**s**.　　これはその先生の本です。

与（＝3）格　　Ich schenke **dem** Lehrer ein Buch.　私はその先生に本を一冊贈ります。

対（＝4）格　　Ich suche **den** Lehrer.　　　　　　私はその先生を探しています。

● 定冠詞と名詞の格変化

定冠詞（英 *the*）のついた名詞（単数）は、次のように格変化します。

	男性名詞	女性名詞	中性名詞
1 格 その～は	**der** Mann	**die** Frau	**das** Kind
2 格 その～の	**des** Mann[e]s	**der** Frau	**des** Kind[e]s
3 格 その～に	**dem** Mann	**der** Frau	**dem** Kind
4 格 その～を	**den** Mann	**die** Frau	**das** Kind

（⇒複数形の詳細は第 5 課参照）

● 不定冠詞の格変化

不定冠詞 ein-（英 *a, an*）がついた名詞（単数）は、次のように格変化します。男性 1 格、中性 1 格、中性 4 格（△印）では、語尾はつきません。

	男性名詞	女性名詞	中性名詞
1 格 ある～は	ein △ Mann	ein**e** Frau	ein △ Kind
2 格 ある～の	ein**es** Mann[e]s	ein**er** Frau	ein**es** Kind[e]s
3 格 ある～に	ein**em** Mann	ein**er** Frau	ein**em** Kind
4 格 ある～を	ein**en** Mann	ein**e** Frau	ein △ Kind

原則として「新しい情報」を伝えるときには不定冠詞、「既知の情報」を伝えるときには定冠詞をつけます。

021

Was ist das? ― Das ist ein Restaurant. Das Restaurant ist sehr berühmt.
これは何ですか？―これはレストランです。そのレストランはとても有名です。

● 疑問代名詞 wer と was の格変化

主語として用いる場合は、3 人称単数扱いになります。

1 格	wer	誰が	was	何が
2 格	wessen	誰の	―	
3 格	wem	誰に	―	
4 格	wen	誰を	was	何を

022

Wer kommt noch? あとは誰が来ますか？
Was machen Sie gern? あなたは何をするのが好きですか？

コラム 男性弱変化名詞

男性名詞のなかには、単数 1 格以外すべて -(e)n という語尾になるものがあります。

	Junge　少年	Tourist　観光客
1格	**der** Junge	**der** Tourist
2格	**des** Jungen	**des** Touristen
3格	**dem** Jungen	**dem** Touristen
4格	**den** Jungen	**den** Touristen

023

　　　Der Junge zeigt einem Touristen den Stadtplan.
　　　その少年はある観光客にその地図を見せます。

（⇒複数形の詳細は第 5 課参照）

024

A. （　　　）内に冠詞の語尾を補って入れましょう。d ＝定冠詞、e ＝不定冠詞が入ります。

1. Was ist das?

   － Das ist (e 　　　　　) Supermarkt. (D 　　　　) Supermarkt ist sehr groß.

2. Was ist das?

   － Das ist (e 　　　　　) Kirche. (D 　　　　) Kirche ist sehr berühmt.

3. Was ist das?

   － Das ist (e 　　　　　) Café. (D 　　　　) Café ist sehr alt.

025

B. （　　　）内に冠詞の語尾を補って入れましょう。d ＝定冠詞、e ＝不定冠詞が入ります。

1. (D 　　　　　　) Lehrerin heißt Frau Müller.

2. Kennen Sie (d 　　　　) Ärztin?

3. Ich schenke (d 　　　　　　) Mutter einen Koffer.

4. Ich suche (e 　　) Lehrerin.

026

C. 日本語にしましょう。

1. Ich suche den Bahnhof.

2. Kennen Sie den Film?

3. Ich habe einen Sohn und eine Tochter.

4. Ich schenke dem Vater eine Brille.

027

D. ドイツ語にしましょう。

1. 私はその教会（Kirche *f.*）を探しています。

2. あなたは、その子（Kind *n.*）のことを知っていますか？

3. 私には弟（Bruder *m.*）が一人、妹（Schwester *f.*）が一人います。

028

＊ 聞き取ってみましょう。

1. Haben Sie Geschwister?

   — Ja, ich habe (　　　　　　　　) (　　　　　　　　　　　).

2. Entschuldigung, wo ist (　　　　　　　　　) (　　　　　　　　)?

3. Was suchen Sie?

   — Ich suche einen (　　　　　　　　　).

029

> Wohin **fährst du** heute?　　　君は今日どこへ行くの？
>
> **Ich fahre** heute nach Köln.　　私は今日ケルンへ行くよ。

● 動詞の現在人称変化（特殊）

主語が du と 3 人称単数（er/sie/es）のとき、語幹の母音（幹母音）も変音するものがあります。du と 3 人称単数（er/sie/es）で幹母音が変音する以外は、規則変化と同じです。

（1）a → ä 型

fahren（乗り物で）行く	
単数 *sg.*	複数 *pl.*
1 人称　ich fahr**e**	wir　fahr**en**
2 人称　du　fähr**st**	ihr　fahr**t**
3 人称　er / sie / es　fähr**t**	sie　fahr**en**
2 人称（社交称）Sie fahr**en**	

例：

schlafen（眠る）	du schläfst	er schläft
tragen（運ぶ・身に着ける）	du trägst	er trägt
fangen（捕らえる）	du fängst	er fängt
laufen（走る・上映される）	du läufst	er läuft

他に gefallen（1 格が 3 格の気に入る）、waschen（洗う）、lassen（〜させる）など

030

> Schläft sie schon?　　　　　　　彼女はもう眠っていますか？
>
> Paul trägt immer eine Brille.　　パウルはいつもメガネをかけています。

(2) e → i / e → ie 型

sprechen 話す		
単数 *sg.*		複数 *pl.*
1人称　ich sprech**e**		wir　sprech**en**
2人称　du　sprich**st**		ihr　sprech**t**
3人称　er 　　　　sie　┤　spricht 　　　　es		sie　sprech**en**
2人称（社交称）Sie sprech**en**		

例：
essen（食べる）
du isst　　　　er isst

treffen（会う）
du triffst　　　er trifft

他に　　helfen（～に手を貸す）、
geben（与える）など

031

　　　Spricht er auch Chinesisch?　　　彼は中国語も話しますか？

es gibt　＋４格：「（4格）がある・いる」という意味で、非常によく使われます。
　　　Gibt es hier in der Nähe einen Supermarkt?　この近くにスーパーはありますか？

sehen 見る・見える		
単数 *sg.*		複数 *pl.*
1人称　ich seh**e**		wir　seh**en**
2人称　du　sieh**st**		ihr　seh**t**
3人称　er 　　　　sie　┤　sieht 　　　　es		sie　seh**en**
2人称（社交称）Sie seh**en**		

例：
lesen（読む）
du liest　　　er liest

empfehlen（推薦する）
du empfiehlst　er empfiehlt

032

　　　Siehst du dort etwas?　　　君にはそこに何か見える？

(3) 例外

nehmen ～を取る（英 *take*）		
単数 *sg.*		複数 *pl.*
1人称　ich nehm**e**		wir　nehm**en**
2人称　du　**nimmst**		ihr　nehm**t**
3人称　er 　　　　sie　┤　**nimmt** 　　　　es		sie　nehm**en**
2人称（社交称）Sie nehm**en**		

033

　　　Nimmst du ein Taxi?　　　君はタクシーを使うの？

ドイツ語には、du、ihr、Sie に対して、それぞれ異なる命令形があります。

	kommen 来る	sprechen 話す	sein　～である
du に対して	Komm(e)!	Sprich!	**Sei!**
ihr に対して	Komm**t**!	Sprech**t**!	**Seid!**
Sie に対して	Kommen Sie!	Sprechen Sie!	**Seien** Sie!

034

Fahr doch langsam!	ゆっくり運転しなさい。
Warte mal!	ちょっと待って。
Nehmt bitte Platz!	どうぞ座って。
Bleiben Sie gesund!	お元気で。（直訳：健康でいてください。）

du に対する命令形の注意点

1. 語幹が -t, -d, -ffn などで終わる動詞は、発音の都合上必ず語幹 +e となります。

例）　　warten 待つ　　　finden 見つける　　　öffnen（開ける）

　　⇒ Wart**e**!　　　　Finde!　　　　　　　Öffne!

2. 　e ⇒ i/ie 型の動詞のときは、幹母音が変音します。

例）　　sprechen　　　　du sprichst

　　⇒ Sprich!

　　　essen　　　　　　du isst

　　⇒ Iss!

　　　nehmen　　　　　du **nimm**st

　　⇒ **Nimm**!

035 A. 下線部に動詞 fahren を定形にして入れ、文を完成させましょう。

    1. Ich _____ heute nach Köln.

    2. Du _____ heute nach Düsseldorf.

    3. Er _____ heute nach Hamburg.

    4. Ihr _____ heute nach Leipzig.

    5. Wir _____ heute nach Zürich.

036 B. 下線部に（　　）内の動詞を定形にして入れ、文を完成させましょう。

    1. Das Kind _____ schon. (schlafen)

    2. _____ du Japanisch? (sprechen)

    3. Anna _____ gern Filme. (sehen)

    4. Er _____ die U-Bahn. (nehmen)

    5. _____ es hier in der Nähe eine Kneipe? (geben)

037 C. 日本語にしましょう。

    1. Was liest Paul gern? – Er liest gern Krimis.

    2. Er isst gern italienisch.

    3. Er trägt immer eine Krawatte.

038 D. ドイツ語にしましょう。

    1. Anna は日本食が好きです（gern japanisch essen）。

    2. 彼女は流暢に日本語を話します（fließend Japanisch sprechen）。

    3. 今日（heute［文頭に］）彼女はウィーンで友人と会います（in Wien einen Freund treffen）。

039 ＊ 聞き取ってみましょう。

    1. (　　　　　　　　) (　　　　　　　　　　) du gern?

    2. (　　　　　　　　) (　　　　　　　　　　) du nächstes Jahr?

    3. Ich fahre nach (　　　　　　　　　　　　).

第5課　冠詞と名詞（2）

040

> Ich habe fünf **Kinder**: drei **Söhne** und zwei **Töchter**.
> 私には五人の子どもがいます。息子が三人と娘が二人です。
>
> Wie findest du den Film? — Ich finde **ihn** sehr interessant.
> 君はその映画をどう思う？―私はとても面白いと思います。

● 名詞の複数形

（1）複数形の5つのタイプ

複数形には、原則として単数形に様々な語尾がつきます。性の区別はありません。

		sg.	pl.	
無語尾型	— ＂	der Onkel die Mutter	die Onkel die Mütter	母音（a, o, u, au）が変音する場合としない場合がある
E 型	—e ＂e	der Hund der Baum	die Hunde die Bäume	母音（a, o, u, au）が変音する場合としない場合がある
ER 型	＂er	das Kind das Haus	die Kinder die Häuser	変音可能な母音は必ず変音する
(E)N 型	—[e]n	die Frau die Tante	die Frauen die Tanten	決して変音することがない
S 型	—s	das Auto	die Autos	決して変音することがない

-in → -innen, -nis → -nisse などの特殊な形や例外もあります。

die Studentin → die Studentinnen　　　das Museum → die Museen

辞書の見出し語では、**右側**に複数形が記載されます。

例：Mann *m.*—(e)s/ ＂**er** →複数形は Männer

（2）複数形の格変化

3格で**語尾ーn** をつけます。ただし、語尾がS型、(E)N型のときはつけません。

1格	**die** Onkel	Hunde	Kinder	Frauen	Autos
2格	**der** Onkel	Hunde	Kinder	Frauen	Autos
3格	**den** Onkel**n**	Hunde**n**	Kinder**n**	Frauen	Autos
4格	**die** Onkel	Hunde	Kinder	Frauen	Autos

● 人称代名詞

(1) 3人称の人称代名詞

名詞の性と数に応じて、事物に対しても用いられます。

041

> Was ist das? — Das ist ein Kugelschreiber. **Er** ist sehr praktisch.
> これは何ですか？—これはボールペンです。それはとても実用的です。

(2) 人称代名詞の格変化

ドイツ語の人称代名詞は、次のように格変化します。現代語で2格が使われることはまれです。「私の」「あなたの」などの所有を表すためには、所有冠詞（所有代名詞）が用いられます（⇒第6課参照）。

	私	君	彼・それ	彼女・それ	それ	私たち	君たち	彼ら・彼女ら・それら	あなた・あなた方
1格	ich	du	er	sie	es	wir	ihr	sie	Sie
3格	mir	dir	ihm	ihr	ihm	uns	euch	ihnen	Ihnen
4格	mich	dich	ihn	sie	es	uns	euch	sie	Sie

042

> Wie findest du den Kugelschreiber? — Ich finde **ihn** sehr praktisch.
> そのボールペンをどう思う？—とても実用的だと思います。

| Paul hilft **mir** immer. | パウルはいつも私に手を貸してくれます。 |
| Suchen Sie **mich**? | 私のことをお探しですか？ |

● 否定冠詞 kein の格変化

不定冠詞 ein のついた名詞や、無冠詞の名詞を否定するときは、否定冠詞 kein をつけます。単数形に対する変化は、不定冠詞 ein の変化と同じです。複数形には定冠詞の格語尾を用います。

	男性名詞	女性名詞	中性名詞	複数形
1格	kein △ Mann	keine Frau	kein △ Kind	keine Kinder
2格	keines Mann[e]s	keiner Frau	keines Kind[e]s	keiner Kinder
3格	keinem Mann	keiner Frau	keinem Kind	keinen Kindern
4格	keinen Mann	keine Frau	kein △ Kind	keine Kinder

043

> Ist das ein Kugelschreiber?
> — Nein, das ist **kein** Kugelschreiber. Das ist ein Bleistift.
> これはボールペンですか？
> —いいえ、これはボールペンではありません。これは鉛筆です。

コラム① 否定文のつくり方

否定文では、基本的に nicht を用います。名詞を否定するときには、kein か nicht を用います。その使い分けは、原則として次のとおりです。

1. 不定冠詞（ein-）つき名詞、無冠詞の名詞（物質名詞・抽象名詞・無冠詞複数）を否定
   → kein

   Ist das ein Wörterbuch? — Nein, das ist **kein** Wörterbuch.

   Haben Sie Fieber? — Nein, ich habe **kein** Fieber.

無冠詞でも、その名詞が動詞と密接に結びついている場合は nicht で否定します。

   Ich fahre nicht Auto.

2. それ以外（＝動詞・形容詞・副詞・定冠詞付名詞・所有冠詞付名詞など）を否定
   → nicht

   Kommst du auch? — Nein, ich komme **nicht**.

   Der Student ist **nicht** krank.

   Ist das dein Wörterbuch? — Nein, das ist **nicht** mein Wörterbuch.

nicht は原則として否定されるべき語（句）の直前に置きます。定形を否定する（＝全文否定する）ときは、原則として文末に置きます。

   Ich kaufe **nicht** die Tasche.　私はそのカバンは買わない。（部分否定）

   Ich kaufe die Tasche **nicht**.　私はそのカバンを買わない。（kaufen を否定＝全文否定）

コラム② 疑問文の答え方（ja/nein/doch）

決定疑問文（「はい」か「いいえ」で答えられる疑問文⇒第2課参照）には、次のように答えます。

1. 肯定の（否定詞を含まない）決定疑問文：「ja」か「nein」

   Haben Sie Haustiere? — Ja, ich habe zwei Hunde und eine Katze.

   　　　　　　　　　　 — Nein, ich habe keine Haustiere.

2 否定の（否定詞を含む）決定疑問文：「nein」か「doch」

   Haben Sie **keine** Haustiere? — Nein, ich habe keine Haustiere.

   　　　　　　　　　　　　　　 — **Doch**, ich habe zwei Hunde und eine Katze.

※ 否定疑問の打ち消し（「いいえ」に相当）には、doch を用います。

20

練習問題

A. 下線部の名詞を複数形にして、全文を書き換えましょう。

048

  1. <u>Das Haus</u> ist sehr alt.

  2. Wo spielt <u>das Kind</u>? — Es spielt im Park.

  3. Ich schenke <u>dem Bruder</u> die Bücher.

B. 人称代名詞を適切に変化させて（　　　）に入れ、文を完成させましょう。

049

  1. Kennst du den Studenten? — Ja, ich kenne (　　　　　　　　) sehr gut.

  2. Kennst du die Studentin? — Nein, ich kenne (　　　　) nicht.

  3. Ich suche das Smartphone, aber ich finde (　　　　) nicht.

  4. Hilfst du mir mal? — Ja, ich helfe (　　　) gern.

C. 日本語にしましょう。

050

  1. Wie findest du die Jacke? — Ich finde sie zu teuer.

  2. Paul schenkt Herrn und Frau Müller die Blumen.

  3. Hat er Geschwister? — Ja, er hat zwei Schwestern.

D. ドイツ語にしましょう。

051

  1. そのコート（Mantel *m.*）をどう思う？—私は素敵（schick）だと思います。

  2. Anna はその子たち（Kind［複数形で]）にそのノート（Hefte *pl.*）を贈ります。

  3. 彼女にきょうだいは（Geschwister *pl.*）いません。

* 聞き取ってみましょう。

052

  1. Wie finden Sie den (　　　　　　)?

      — Ich finde ihn sehr (　　　　　).

  2. Haben Sie (　　　　　　)?

      — (　　　　), ich habe (　　　) (　　　　　　　) .

第6課　冠詞類

053

> Kennen Sie **meinen** Sohn?
> 私の息子のことを知っていますか？
>
> Wem gehört **diese** Brille? — Sie gehört **meiner** Mutter.
> このメガネは誰のものですか？—それは私の母のものです。

● 冠詞類

名詞の前に置かれ、名詞の性や格を示す冠詞類には、不定冠詞 ein と同じ格変化のパターンを持つもの（不定冠詞類）と、定冠詞 der, die, das/die と同じ格変化のパターンを持つもの（定冠詞類）があります。

● 不定冠詞類（mein 型）

（1）不定冠詞類（mein 型）の種類

不定冠詞類は、否定冠詞 kein（⇒第5課参照）と、「私の…」「君の…」「あなたの…」などを表す所有冠詞（所有代名詞）のみです。

人称代名詞1格と所有冠詞の対応関係

	人称代名詞	所有冠詞	人称代名詞	所有冠詞
1人称	ich	mein（私の）	wir	unser（私たちの）
2人称	du Sie	dein　（君の） Ihr　　（あなたの）	ihr Sie	euer　（君たちの） Ihr　　（あなた方の）
3人称	er sie es	sein（彼の・それの） ihr　（彼女の・それの） sein（それの）	sie	ihr　　（彼らの・彼女らの・ 　　　　それらの）

054

Ist er Ihr Sohn? — Nein, er ist mein Neffe.
彼はあなたの息子ですか？—いいえ、私の甥です。

(2) 不定冠詞類の格変化

	男性名詞	女性名詞	中性名詞	複数形
1格	mein △ Mann	meine Frau	mein △ Kind	meine Kinder
2格	meines Mann[e]s	meiner Frau	meines Kind[e]s	meiner Kinder
3格	meinem Mann	meiner Frau	meinem Kind	meinen Kindern
4格	meinen Mann	meine Frau	mein △ Kind	meine Kinder

055

Mein Mann heißt Paul.	私の夫はパウルという名前です。
Das ist das Buch meines Mannes.	これは私の夫の本です。
Ich schenke meinem Mann ein Buch.	私は私の夫に本を一冊贈ります。
Kennen Sie meinen Mann?	私の夫のことを知っていますか？

● 定冠詞類（dieser 型）

(1) 定冠詞類のいろいろ

dies-	この	英 *this, these*	
jed-	どの…も（単数のみ）	英 *each, every*	
jen-	あの	英 *that, those*	
solch-	そのような	英 *such*	
welch-	どの	英 *which*	など

(2) 定冠詞類の格変化

	男性名詞	女性名詞	中性名詞	複数形
1格	dieser Mann	diese Frau	dieses Kind	diese Kinder
2格	dieses Mann[e]s	dieser Frau	dieses Kind[e]s	dieser Kinder
3格	diesem Mann	dieser Frau	diesem Kind	diesen Kindern
4格	diesen Mann	diese Frau	dieses Kind	diese Kinder

056

Dieser Mann kommt aus Deutschland.	この男性はドイツ出身です。
Das ist das Buch dieses Mannes.	これはこの男性の本です。
Ich zeige diesem Mann ein Foto.	私はこの男性に一枚の写真を見せます。
Ich suche diesen Mann.	私はこの男性を探しています。

コラム① 3格と4格の語順

057

名詞＋名詞：3格→4格

Ich zeige diesem Mann ein Foto.　　　私はこの男性に写真を見せる。

代名詞＋名詞：**代名詞→名詞**

Ich zeige **ihm** ein Foto.

Ich zeige **es** diesem Mann.

代名詞＋代名詞：4格→3格

Ich zeige es ihm.

コラム② 時を表す副詞的4格

jeden Tag　　　 = täglich

jede Woche　　 = wöchentlich　　　diese Woche　　　　nächste Woche

jeden Monat　 = monatlich　　　　diesen Monat　　　nächsten Monat

jedes Jahr　　 = jährlich　　　　　dieses Jahr　　　　nächstes Jahr

058

　　Jeden Tag schreibt er seiner Großmutter eine Mail.
　　毎日彼は自分の祖母にメールを書いている。

jeden Montag = montags

059

> 1. Jahreszeiten 四季
> Frühling 春　　Sommer 夏　　Herbst 秋　　Winter 冬
>
> 2. Monate 月
> Januar 1月　　Februar 2月　　März 3月　　April 4月　　Mai 5月
> Juni 6月　　Juli 7月　　August 8月　　September 9月
> Oktober 10月　　November 11月　　Dezember 12月
>
> 3. Wochentage 曜日
> Montag 月曜日　　Dienstag 火曜日　　Mittwoch 水曜日　　Donnerstag 木曜日
> Freitag 金曜日　　Samstag（Sonnabend）土曜日　　Sonntag 日曜日

060

Welchen Monat haben wir?　　　何月ですか？

Welcher Tag ist heute?　　　　　今日は何曜日ですか？

A. 下線部に所有冠詞 mein の語尾を補いましょう。不要の場合は、×を入れましょう。

061

1. Mein＿＿ Mann kommt aus Österreich.
2. Das ist mein＿＿ Tochter.
3. Kennen Sie mein＿＿ Tochter?
4. Dieses Haus gehört mein＿＿ Freundin.

B. 下線部に指示代名詞 dies- の語尾を補って入れ、文を完成させましょう。

062

1. Dies＿＿ Mann kommt aus Japan.
2. Kennen Sie dies＿＿ Buch?
3. Dies＿＿ Wohnung gehört meinen Eltern.
4. Wem gehört dies＿＿ Brille?

C. 日本語にしましょう。

063

1. Anna hat einen Bruder. Kennst du ihren Bruder?
2. Wem gehört diese Jacke? — Sie gehört ihrem Bruder.
3. Paul und seine Freundin wohnen zusammen.

D. ドイツ語にしましょう。

064

1. Paul には妹が一人（Schwester *f.*）います。彼の妹のことを知っていますか？
2. 彼の妹はウィーンで働いています（in Wien arbeiten）。
3. このスカーフ（Schal *m.*）は、彼の妹のものです（gehören を使って）。

* 聞き取ってみましょう。

065

1. (　　　　　　　　　) (　　　　　　　　　　) eine Tochter.
   Kennen Sie (　　　　　　　) Tochter?
2. (　　　　　　　　　) (　　　　　　　　　　) heißt Paul.
3. Dieses (　　　　　　　　　) gehört seinen (　　　　　　　　　).

Nach dem Essen besuche ich **mit meiner Familie** einen Freund.
食事の後で私は家族と友人を訪ねます。

Das ist ein Geschenk **für meine Tochter.**
これは娘のためのプレゼントです。

● 前置詞の格支配

前置詞は名詞や代名詞の前に置かれ、空間や時間などを表す語句をつくります。ドイツ語では、前置詞は特定の格と結びつきます。

mit dem Zug (< der Zug)　　　　　「電車で」　　　　　mit ＝ 3 格支配

für den Schüler (< der Schüler)　「その生徒のために」　für ＝ 4 格支配

（1）2 格支配の前置詞

(an)statt	〜の代わりに	（英 *instead of*）
trotz	〜にもかかわらず	（英 *in spite of*）
wegen	〜のゆえに	（英 *because of*）
während	〜のあいだ	（英 *during*）
außerhalb	〜の外に	（英 *outside of*）
innerhalb	〜の内に	（英 *inside of*）　など

Statt meines Vaters besuche ich meine Großeltern.
父の代わりに私が祖父母を訪ねます。

Während der Ferien bleiben wir hier.
休暇の間私たちはここに残ります。

(2) 3格支配の前置詞

aus（〜の中から、〜から）	bei（〜の近くで、〜の家で、〜の際に）
gegenüber（〜の向かいに）	nach（〜へ、〜の後で）
von（〜から、〜の、〜について）	außer（〜の外で、〜以外）
mit（〜とともに、〜で）	seit（〜以来＜〜前からずっと＞）
zu（〜へ）　など	

068

Ich komme aus Deutschland.	私はドイツ出身です。
Er kommt gerade aus dem Zimmer.	彼はちょうど部屋の中から出て来ます。
Ich wohne bei meinem Onkel.	私はおじのところで暮らしています。
Potsdam liegt bei Berlin.	ポツダムはベルリン近郊にあります。
Gegenüber der Kirche ist das Café.	教会の向かいにそのカフェはあります。
Ich reise oft nach Deutschland.	私はよくドイツへ旅行します。
Nach der Schule spielt er immer Tennis.	放課後彼はいつもテニスをしています。
Sie kommt bald von der Uni zurück.	彼女はまもなく大学から戻ります。
Berlin ist die Hauptstadt von Deutschland.	ベルリンはドイツの首都です。
Ich fahre mit dem Zug nach Wien.	私は電車でウィーンへ行きます。
Sie fährt mit ihren Freunden nach Wien.	彼女は友人とウィーンへ行きます。
Seit einem Jahr lerne ich Deutsch.	一年前から私はドイツ語を学んでいます。

(3) 4格支配の前置詞

durch（〜を通って、〜によって）	für（〜のために、〜の代わりに）
ohne（〜なしで）	gegen（〜に逆らって、〜頃）
um（〜のまわりに、〜をめぐって、〜時に）など	

069

Er geht durch den Park.	彼は公園を通って行きます。
Für seine Familie tut er alles.	家族のためなら彼は何でもします。
Ich trinke Kaffee ohne Zucker.	私はコーヒーを砂糖なしで飲みます。
Ich komme gegen neun.	私は9時頃うかがいます。
Der Unterricht beginnt um neun.	授業は9時に始まります。

コラム 方向を表す「～へ」（nach と zu の使い分け）

nach: 無冠詞の地名とともに

070

Wir fahren morgen nach Österreich.	私たちは明日オーストリアへ行きます。
ただし	
Er kommt bald nach Hause.	彼はまもなく帰宅します。 （nach Hause gehen/ kommen「帰宅する」）

zu: 人・施設・催しとともに

071

Wir gehen jetzt zu unserer Tante.	私たちは今からおばのところへ行きます。
Wie komme ich zum Bahnhof？	駅へはどのように行きますか？ zum ＜zu dem ※
ただし	
Er ist zu Haus(e).	彼は家にいます。 （zu Hause sein「自宅にいる」）

※定冠詞の指示性（「その～」を表す働き）が弱いとき、前置詞は定冠詞と結びついて融合形をつくることがあります（融合形⇒第8課参照）。

072

Wir gehen heute zur Party.	私たちは今日パーティーに行きます。
Wir gehen heute zu der Party.	私たちは今日そのパーティーに行きます。

練 習 問 題

A. （　　）内の名詞・代名詞を変化させて下線部に入れ、語句をつくりましょう。
1. 「私といっしょに」→ mit ＿＿＿＿＿＿＿＿＿＿　　　　　　(ich)
2. 「君のために」→ für ＿＿＿＿＿＿＿＿＿＿　　　　　　　(du)
3. 「授業の後で」→ nach ＿＿＿＿＿＿＿＿＿＿　　　　(der Unterricht)

B. 日本語に合うように、（　　）内に最適な前置詞を入れましょう。
1. （　　　　　　　　）einer Erkältung kommt er heute nicht.
   風邪のため彼は今日来ません。
2. Ich fahre jetzt （　　　　　　　　）Hause.
   今から家に帰ります。
3. Kommt er morgen （　　　　　　　　）dir?
   彼は明日君のところに来るだろうか？
4. Ich wohne （　　　　　　　）meiner Tante.
   私はおばのところで暮らしています。

C. 日本語にしましょう。
1. Anna trinkt Kaffee mit Milch.
2. Nach der Arbeit geht sie immer sofort nach Hause.
3. Seit einem Jahr lernt sie auch Französisch.
4. Das ist ein Geschenk von mir für meinen Sohn.

D. ドイツ語にしましょう。
1. 彼はコーヒーをミルクなしで（ohne）飲みます。
2. 授業（Unterricht m.）の後、私はいつもすぐ帰宅します。
3. これはあなたのための（für）プレゼント（ein Geschenk）です。

＊　聞き取ってみましょう。
1. Trinken Sie Kaffee （　　　　）（　　　　　　　　　　）und Zucker?
2. Kommen Sie （　　　　　　　）（　　　　　　　　）（　　　　　　　）?
3. Ich komme morgen （　　　　　　　　）neun zu Ihnen.

078

> **Wo** sind Sie jetzt?　　　　　— Ich bin jetzt **in der Bibliothek**.
> 今どこにいますか？　　　　　— 図書館にいます。
>
> **Wohin** gehen Sie jetzt?　　　— Ich gehe jetzt **in die Bibliothek**.
> 今からどこへ行きますか？　　— 図書館へ行きます。

● 3・4 格支配の前置詞

以下の前置詞（9個）は、場所を示すときには3格とともに、動作・運動の方向を示すときには4格とともに用いられます。

an （～のきわ）　　auf　　（～の上）　　　hinter（～のうしろ）
in　（～の中）　　neben（～の隣）　　　über　　（～の上方、～を越えて）
unter　（～の下）　　vor（～の前）　　　　zwischen（～の間）

Wo ist der Ball? Der Ball ist...

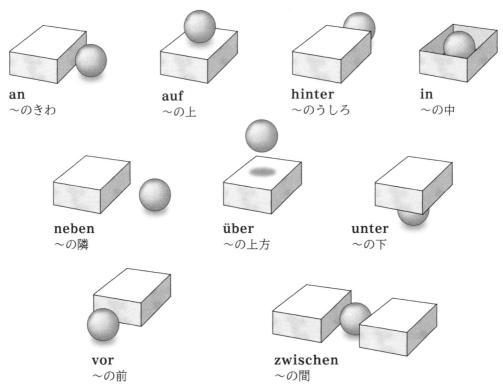

an
～のきわ

auf
～の上

hinter
～のうしろ

in
～の中

neben
～の隣

über
～の上方

unter
～の下

vor
～の前

zwischen
～の間

疑問詞 wo（どこ？）に対する答えになる部分は３格支配、疑問詞 wohin（どこへ？）に対する答えになる部分は４格支配、と考えることができます。

Wohin legt er das Heft? — Er legt es **auf den Tisch**.
彼はどこへそのノートを置きますか？―彼はそれをテーブルの上へ置きます。

Wo liegt das Heft jetzt? —— Es liegt jetzt **auf dem Tisch**.
そのノートは今どこに置いてありますか？―それは今テーブルの上に置いてあります。

● 融合形
前置詞は、定冠詞、人称代名詞、疑問代名詞 was と結びつき、融合形をつくることがあります。

（1）前置詞と定冠詞の融合形
例：
am (<an dem), beim (<bei dem), im (<in dem), vom (<von dem), zum (<zu dem), zur (<zu der), ans (<an das), ins (<in das)

Er ist jetzt am Meer.　　　　　　　　彼は今海にいます。
Wir gehen jetzt ans Meer.　　　　　　私たちはこれから海へ行きます。
Am Sonntag gehe ich oft ins Kino.　　日曜日に私はよく映画を見に行きます。
Im Sommer reisen wir nach Hokkaido.　夏に私たちは北海道へ旅行に行きます。

（2）前置詞と人称代名詞の融合形
人称代名詞が「事物」を指し、前置詞とともに用いられるときは、**da+ 前置詞**になります。
前置詞が母音で始まるときは、間に r を入れます（dar+ 前置詞）。
例：
dabei, damit, davon, dazu, dafür, dagegen, daraus, daran, darauf, darin, darüber

Hier ist ein Kugelschreiber. Ich schreibe **damit**. (← mit ihm)
ここにボールペンがあります。私はそれを使って書きます。

人称代名詞が「人」をさすときに融合形をつくることはできません。
Hans ist mein Onkel. Ich gehe **mit ihm** in die Stadt.
ハンスは私のおじです。私は彼と街へ行きます。
※この場合、damit とするのは誤り。

（3）前置詞と疑問代名詞 was の融合形

疑問代名詞 was（何？）と前置詞が融合形をつくるときは，was は格に関係なく **wo＋前置詞**になります。前置詞が母音で始まるときは、間に r を入れます（wor＋前置詞）。

例：

womit, wovon, wozu, wonach, woran, worin, worum, worüber など

083

Womit fährt sie zur Uni? — Sie fährt mit dem Bus zur Uni.
彼女は何で大学に通っていますか？— 彼女はバスで大学に通っています。

Worüber sprechen Sie gerade? — Wir sprechen gerade über die Hausaufgaben.
今何について話しているのですか？— 私たちは宿題について話しているところです。

疑問詞 wer（誰？）と結びついて融合形をつくることはできません。

084

<u>**Mit wem**</u> geht sie heute ins Konzert?
誰と彼女は今日コンサートに行くのですか？
※この場合、womit とするのは誤り。

コラム① 前置詞句を含む熟語

動詞や形容詞は、しばしば特定の前置詞句とともに、熟語のように用いられます。

085

Worauf warten Sie? — Ich warte auf eine Nachricht von der Firma.
あなたは何を待っているのですか？—私は会社からの連絡を待っています。

Sind Sie mit diesem Unterricht zufrieden?
あなたはこの授業に満足していますか？

コラム② 時を表す表現のいろいろ

am ＋曜日・日付など	am Montag	月曜日に		
	am 2. August	8月2日に（序数⇒巻末参照）		
im ＋月・四季	im August	8月に	im Sommer	夏に
um ＋正確な時刻	um 9 Uhr	9時に		
gegen ＋およその時間	gegen 9 Uhr	9時ごろ	gegen Mittag	昼ごろ
von ～ bis ～	～から～まで			
seit ＋ 3 格	～以来、～前から（ずっと）			
vor ＋ 3 格	～の前に ⇔ nach ＋ 3 格 ～の後で			

==================== 練 習 問 題 ====================

A. 日本語に合うように、（　　）内に適切な前置詞（または融合形）を入れましょう。

086

  1.　Die Katze sitzt (　　　　　　　　) dem Stuhl.　その猫は椅子の下で座っています。

  2.　Ein Auto steht (　　　　　　　　) dem Haus.　一台の車が家の前に止まっています。

  3.　Er steht　(　　　　　) Fenster.　　　　　　彼は窓際に立っています。

  4.　Er geht　(　　　　　) Fenster.　　　　　　彼は窓際へ行きます。

B. （　　）内に入る最適な一語を選んで入れましょう。

087

    [woran, womit, am, im]

  1.　(　　　　　　　　) Sonntag　gehe ich gern ins Museum.

  2.　(　　　　　　　　) Sommer reisen wir oft nach Europa.

  3.　(　　　　　　　　) denken Sie? – Ich denke an die Ferien.

C. 日本語にしましょう。

088

  1.　Wo liegt das Buch?　　　　　— Es liegt auf dem Tisch.

  2.　Wohin legt er das Buch?　　　— Er legt es auf den Tisch.

  3.　Wo spielt deine Tochter?　　　— Sie spielt im Park.

  4.　Wohin geht dein Sohn?　　　— Er geht ins Kino.

D. ドイツ語にしましょう。

089

  1.　家（Haus n.）の前に一台の自転車（ein Fahrrad）が止まっています（stehen）。

  2.　週末に（am Wochenende［文頭に］）私たちは海へ行きます（ans Meer fahren）。

  3.　あなたは何で（womit）学校へ（zur Schule）行きますか？

＊　聞き取ってみましょう。

090

  1.　Am (　　　　　　　　) gehe ich oft ins Museum.

  2.　Am Wochenende gehe ich gern (　　　) (　　　) (　　　).

  3.　Im Sommer fliege ich (　　　　　) (　　　　　) (　　　　　　　).

第 8 課　前置詞（2）　*33*

091

> Ich **stehe** jeden Morgen um 6 Uhr **auf**.
> 私は毎朝 6 時に起床します。
>
> Im Sommer **besuche** ich meine Großeltern.
> 夏に私は祖父母を訪ねます。

● 複合動詞

動詞の語頭にさまざまな要素を加えてつくられた動詞を「複合動詞」と呼びます。複合動詞は、前つづり＋基礎動詞、という構造を持ちます。複合動詞には、「分離動詞」と「非分離動詞」があります。

基礎動詞	分離動詞	非分離動詞
kommen	an｜kommen	bekommen
stehen	auf｜stehen	verstehen

● 分離動詞

分離動詞は、「分離前つづり＋基礎動詞」からなります。分離する前つづりは常にアクセントを持ちます。

基礎動詞	分離動詞
kommen	an｜kommen
	mit｜kommen
	zurück｜kommen

分離前つづりの例：

ab-, an-, auf-, aus-, bei-, ein-, fort-, her-, hin-, los-, mit-, nach-, vor-, weg-, zu-, zurück- など

分離動詞は、主文で定形として用いられるとき、前つづりが文末に置かれます。

092

Ich **stehe** jeden Morgen um 6 Uhr **auf**.	私は毎朝6時に起床します。
Wann **stehst** du morgen **auf**?	君は明日いつ起きますか？
Stehst du so früh **auf**?	君はそんなに早く起きるの？
Steh endlich **auf**!	いい加減に起きなさい。

● 非分離動詞

非分離動詞は、「アクセントのない前つづり＋基礎動詞」からなります。

093

Im Sommer **besuche** ich meine Großeltern.	夏に私は祖父母を訪ねます。
Er **versteht** uns sehr gut.	彼は私たちのことをよく理解している。
Welches Getränk **empfehlen** Sie?	飲み物には何がおすすめですか？
Gefällt Ihnen diese Stadt?	この街は気に入りましたか？
Entschuldigen Sie bitte die Verspätung!	遅れてすみません。

次の前つづりには、アクセントはありません（非分離前つづり）：
be-, emp-, ent-, er-, ge-, ver-, zer-

非分離動詞の例：

besuchen	empfehlen	entschuldigen	erzählen	gefallen
verstehen	zerbrechen	など		

● 分離・非分離前つづり

同じ前つづりでも、アクセントを持ったり、持たなかったりするものがあります。

094

Die Sonne **geht** bald **unter**.　　　　　<unter|gehen
太陽はまもなく沈む。

Ich **unterstütze** Ihren Vorschlag.　　　　<unterstützen
私はあなたの提案を支持します。

分離・非分離前つづりの例：
durch-, hinter-, über-, um-, unter-, wider-, wieder- など

コラム　分離動詞の注意点

（1）zu 不定句（⇒第 10 課参照）

前つづりと基礎動詞の間に **zu** が入り、一語で書かれます。

095

Hast du Lust, an diesem Seminar teil**zu**nehmen?
このゼミに参加する気はありますか？

（2）話法の助動詞とともに（⇒第 11 課参照）

前つづりは分離せず、<u>不定形</u>が一語で書かれます。

096

Sie können auch am Seminar <u>teilnehmen</u>.
あなたもゼミに参加（することが）できます。

（3）副文内で（⇒第 12 課参照）

前つづりは分離せず、定形とともに一語で書かれます。

097

Paul kommt heute nicht zu uns, weil er an einem Seminar teil**nimmt**.
Paul はゼミに参加しているので、今日私たちのところには来ません。

A. 下線部に [　　] 内の動詞を適切に変化させて入れましょう。

1. Meine Tochter _____ erst um 10 Uhr _____. [auf|stehen]

2. Wann _____ der Zug in München _____? [an|kommen]

3. Ich _____ dich vom Bahnhof _____. [ab|holen]

4. _____ du auch an diesem Seminar _____? [teil|nehmen]

B. (　　　　) 内に入る最適な一語を選び、適切に変化させて入れましょう。

[empfehlen, gefallen, verstehen]

1. Was (　　　　　　) du mir? Den Rotwein oder den Weißwein?

2. Diese Stadt (　　　　　) mir sehr.

3. Ich (　　　　　) Sie sehr gut.

C. 日本語にしましょう。

1. Zu Weihnachten fährt Anna nach Wien. Sie besucht dort ihre Großeltern.

2. Ihr Onkel holt sie vom Bahnhof ab.

3. Der Zug kommt erst gegen Mitternacht in Wien an.

D. ドイツ語にしましょう。

1. 夏に（im Sommer ［文頭に］）Paul は彼の祖父（Großvater）を訪ねます（besuchen）。

2. 彼のおば（Tante f.）はバス停まで（Bushaltestelle f.）彼を迎えにいきます。

3. バスは（Bus m.）時間通りに（pünktlich）到着します（an|kommen）。

* 聞き取ってみましょう。

1. Am (　　　　　) besuche ich oft meine Freunde.

2. Im (　　　　　) regnet es in Japan sehr viel.

3. Im (　　　　　) geht in Deutschland die Sonne erst spät unter.

第10課　zu 不定句

103

> Mein Traum ist, einmal nach Deutschland **zu** fahren.
> 私の夢は、いつかドイツに行くことです。
>
> Sie geht nach Wien, **um** dort Wirtschaft **zu** studieren.
> 彼女は、大学で経済学を学ぶために、ウィーンに行きます。

● 不定句（不定詞句）と文

「不定句」とは、動詞の不定形に、補足したり修飾したりする語句を加えた句のことです。「文」と異なり、主語は登場しません。

104

不定句	einmal nach Deutschland **fahren**	いつかドイツに行く（こと）
文	Ich **fahre** einmal nach Deutschland.	私はいつかドイツに行く。

● zu 不定句

zu 不定句は、「～すること」や「～するための」などを表すときに用いられます。

105

einmal nach Deutschland **zu fahren**	いつかドイツに行くこと
jeden Morgen um 6 Uhr **aufzustehen**	毎朝6時に起きること
endlich nach Deutschland fahren **zu können**	やっとドイツに行けること

分離動詞のときは、前つづりと基礎動詞の間に **zu** が入り、一語で書かれます。

Hast du Lust, an diesem Seminar **teilzunehmen**?
このゼミに参加する気はありますか？

話法の助動詞（⇒第11課参照）などとともに使うこともできます。

Es ist echt schön, endlich nach Deutschland fahren **zu können**.
やっとドイツに行けることは、本当に素晴らしい。

● zu 不定句の用法

（1）名詞的用法

1. 主語および述語内容語として

106

    Mein Traum ist, einmal nach Deutschland zu fahren.
    私の夢は、いつかドイツに行くことです。

    Es ist sehr schwer, hier einen Parkplatz zu finden.
    ここで駐車場を見つけることは、とても難しい。

2. 目的語として

107

    Ich habe vor, nächstes Jahr in Köln Jura zu studieren.
    私は、来年ケルンの大学で法学を学ぶ予定です。

    Ich finde es sehr schön, manchmal von zu Hause zu arbeiten.
    私は、時々自宅で仕事をすることは、とても良いと思います。

（2）付加語として

108

    Hast du Zeit, mit mir ins Café zu gehen?
    私とカフェに行く時間はありますか？

（3）副詞的に

1. um ＋ zu 不定句「〜するために…」

109
    Sie geht nach Wien, um dort Wirtschaft zu studieren.
    彼女は、大学で経済学を学ぶために、ウィーンに行きます。

2. ohne ＋ zu 不定句「〜することなく…」

110
    Gehst du nach Deutschland, ohne Deutsch zu lernen?
    君は、ドイツ語を勉強しないで、ドイツへ行くのですか？

3. statt ＋ zu 不定句「〜する代わりに…」

111
    Statt eine Mail zu schreiben, macht er eine Online-Sitzung.
    メールを書く代わりに、彼はオンライン会議をする。

コラム zu 不定句のその他の用法

（1）形容詞とともに

> Wir sind gern **bereit**, Ihnen bei der Arbeit **zu helfen**.
> 私たちは喜んであなたの仕事を手伝います。

（2）特殊な動詞とともに（以下の動詞ではコンマ不要）

1. sein + zu 不定形「～されうる、～されるべきである」

> Diese Aufgabe **ist** leicht **zu lösen**.
> この課題は簡単に解ける（簡単に解かれうる）。

2. haben + zu 不定形「～しなければならない」

> Ich **habe** noch ein bisschen hier **zu bleiben**.
> 私はもうすこしここにいなければいけません。

3. brauchen + zu 不定形「～する必要がある」

> Du **brauchst** nur hierher **zu kommen**.
> 君はここに来てくれさえすればよいのです。

4. scheinen + zu 不定形「～であるように見える」

> Er **scheint** sehr glücklich **zu sein**.
> 彼はとても幸せそうに見える。

117

A. （　　　）内の不定句を用いて zu 不定句をつくり、文を完成させましょう。
1. Mein Traum ist, ...
   (einmal eine Weltraumfahrt machen)
2. Ich habe vor, ...
   (am Abend eine Freundin vom Bahnhof ab|holen)
3. Hast du Lust, ...?
   (mit mir zu Mittag essen)

118

B. ［　　　　　　　　　　］内の語句を用いて zu 不定句をつくり、文を完成させましょう。
順序は適切に並べ替えましょう。
1. Er fährt nach München, ...
   [zu, als Musiker, dort, um, arbeiten]
2. Unsere Kinder machen ihre Hausaufgaben,...
   [Hilfe, bekommen, zu, ohne]
3. ..., geht Herr Müller ins Restaurant.
   [essen, zu Hause, statt, zu]

119

C. 日本語にしましょう。
1. Paul hat vor, am Wochenende ins Konzert zu gehen.
2. Er fährt im Winter in die Schweiz, um dort Ski zu fahren.
3. Sein Traum ist, Arzt zu werden.

120

D. ドイツ語にしましょう。
1. Anna は週末に海に行く（ans Meer fahren）予定です（vor|haben）。
2. 彼女はそこで休暇を過ごすために（dort die Ferien verbringen）スイスに行きます。
3. 彼女の夢は、医師（Ärztin）になることです。

121

＊ 聞き取ってみましょう。
1. Ich habe vor, im Sommer nach (　　　　　　　　) zu reisen.
2. Ich lerne jetzt Deutsch, um in (　　　　　　　) zu studieren.
3. Mein Traum ist, meine Gastfamilie in (　　　　　　　) wiederzusehen.

122

> Sie **können** aber sehr gut Klavier **spielen.**
> ピアノがとても上手ですね。
>
> Er **kann** auch Französisch.
> 彼はフランス語もできる。

● 話法の助動詞

話法の助動詞は、動詞の不定形を補って、その動詞に「能力」「義務」などのニュアンスや情報を加える働きをします。

123

Ich lerne Deutsch.　　　　私はドイツ語を学ぶ。
Ich **kann** Deutsch lernen.　私はドイツ語を学べる（学ぶことができる）。

（1）種類と現在人称変化

不定形	dürfen	können	müssen	wollen	sollen	mögen	
ich	**darf**	**kann**	**muss**	**will**	**soll**	**mag**	**möchte***
du	**darfst**	**kannst**	**musst**	**willst**	**sollst**	**magst**	**möchtest**
er/sie/es	**darf**	**kann**	**muss**	**will**	**soll**	**mag**	**möchte**
wir	dürfen	können	müssen	wollen	sollen	mögen	möchten
ihr	dürft	könnt	müsst	wollt	sollt	mögt	möchtet
sie	dürfen	können	müssen	wollen	sollen	mögen	möchten
Sie	dürfen	können	müssen	wollen	sollen	mögen	möchten

*möchte は、mögen の接続法第 2 式（→第 19 課）の基本形

（2）構文：**話法の助動詞＋…不定句＝本動詞の不定形（文末）**
　　　　（↑**人称変化＝定形**）

　　　　　　　　sehr gut Klavier spielen
　Ich **spiele** sehr gut Klavier.
　　　　　　　　sehr gut Klavier spielen **können**
　Ich **kann**　sehr gut Klavier spielen.

1. 平叙文：Jeden Tag **muss** ich Deutsch lernen.
2. 決定疑問文：**Musst** du jeden Tag Deutsch lernen?
3. 補足疑問文：Warum **musst** du jeden Tag Deutsch lernen?

● 話法の助動詞の主な用法

(1) **dürfen**：許可・（否定詞とともに）禁止

124

Darf ich hier fotografieren?	ここで写真を撮ってもよろしいですか？
Man **darf** hier nicht rauchen.	ここは禁煙です。

(2) **können**: 能力・許可・可能性（推量）

125

Er **kann** sehr gut schwimmen.	彼は泳ぎがとても上手い。
Kann ich jetzt draußen spielen?	もう外で遊んでもいい？
Es **kann** morgen schneien.	明日は雪が降るかもしれない。
Können Sie mir bitte helfen?	手伝ってもらえませんか（依頼表現）？

(3) **müssen**：義務・必然・確信（推量）

126

Die Show **muss** weitergehen.	ショーは続行しなければいけない。
Die Kinder **müssen** müde sein.	子どもたちは疲れているに違いない。

(4) **wollen**：主語の意思・主張

127

Paul **will** in Japan studieren.	パウルは日本の大学で学ぶつもりだ。
Wollen wir ins Kino gehen?	映画を観に行きませんか（勧誘表現）？

(5) **sollen**：主語以外の意思・道義的要求（義務）・伝聞

128

Paul **soll** in Japan studieren.	パウルは日本の大学で学べと言われる。
Soll ich das Fenster öffnen?	窓を開けましょうか？
Sie **soll** sofort zu mir kommen.	彼女はすぐ私のところへ来るように。
Die Chefin sagt, du **sollst** sofort zu ihr kommen.	
	主任がすぐ来なさいと言っているよ。

(6) **mögen**：好み・（多く否定の形で）推量

129

Sie **mögen** mir vielleicht nicht glauben.	あなたは信じないかもしれない。
Ich **mag** kein Fleisch.	肉は苦手だ。

(7) **möchte**：現在の控えめな願望「～したい（のですが）」

130

Ich **möchte** gern mit Herrn Müller sprechen.
ミュラーさんとお話したいのですが。

● 単独で使われる場合（本動詞としての用法）

131

Er **kann** auch Französisch.	彼はフランス語もできます。
Langsam **muss** ich nach Hause.	そろそろ家に帰らなければ。
Ich **mag** dich gern.	君のことが好きです。
Möchten Sie noch eine Tasse Kaffee?	もう一杯コーヒーはいかがですか？

コラム① 未来形

ドイツ語では、werden を助動詞として用い、推量（未来・現在の事柄について）や、主語の意思・決意などを表します。必ずしも未来のことを表すわけではありません。

132

werden	
単数 *sg.*	複数 *pl.*
1 人称　ich werde	wir　werden
2 人称　**du wirst**	ihr　werdet
3 人称　**er sie es** — wird	sie　werden
2 人称（社交称）Sie werden	

Der Vortrag **wird** bald beginnen.
講演はまもなく始まるでしょう。

Die Kinder **werden** jetzt im Glück leben.
子どもたちは今幸せに暮らしているでしょう。

Ich **werde** Sie nie vergessen.
私はあなたのことを決して忘れません。

コラム② 話法の助動詞に準ずる動詞

話法の助動詞のように、動詞の不定形（句）を伴う動詞があります。行為者（動作主）は 4 格で表します。

133

（1）知覚動詞 sehen, hören など

Ich **sehe** die Kinder im Garten spielen.
私には子どもたちが庭で遊んでいるのが見えます。

Er **hört** den Chor ein Lied singen.
彼には合唱隊が歌を歌っているのが聞こえます。

（2）使役の lassen

Sie **lässt** ihre Tochter allein in die Schweiz fahren.
彼女は娘を一人でスイスへ行かせます。

Ich **lasse** mir die Haare schneiden.
私は髪を切ってもらいます。

================================ 練 習 問 題 ================================

A. 下線部に（　　）内の助動詞を定形にして入れ、文を完成させましょう。

1. Hier _____ man nicht parken. 　　　　　　　　(dürfen)
2. _____ du mir bitte helfen? 　　　　　　　　　(können)
3. Wir _____ jeden Tag Deutsch lernen. 　　　　(müssen)
4. _____ ich auch mitkommen? 　　　　　　　　　(sollen)
5. Ich _____ noch ein Glas Wasser. 　　　　　　(möchte)

B. （　　）内の助動詞を使って、文を書き換えましょう。

1. Trinkst du so viel Wein? 　　　　　　　　　　　　　　(dürfen)
2. Besuchen wir morgen Onkel Thomas? 　　　　　　　　　(wollen)
3. Er fährt heute nach Hamburg. 　　　　　　　　　　　(müssen)

C. 日本語にしましょう。

1. Anna will in Deutschland Medizin studieren.
2. Sie muss jetzt für die Prüfung lernen.
3. Sie möchte einmal in die Schweiz fahren.

D. ドイツ語にしましょう。

1. パウルは日本の大学で日本学を学ぶ（Japanologie studieren）つもりです。
2. 彼は毎日（jeden Tag）日本語を勉強しなければいけません。
3. 彼はいつか日本一周旅行をし（eine Rundreise in Japan machen）たいと思っています。

* 聞き取ってみましょう。

1. Möchten Sie noch ein Glas (　　　　　　　　　　)?
2. Ich möchte ein Glas (　　　　　　　　).
3. Was darf es sein?
   　　　— Eine Flasche (　　　　　　　　), bitte.

第 11 課　話法の助動詞　*45*

139

> Sie kommt heute nicht, **weil** sie Fieber **hat.**
> 彼女は熱があるので、今日来ません。
>
> **Wenn das Wetter schön ist, fahre** ich morgen ans Meer.
> 天気が良ければ、私は明日海に行きます。

●副文（定形後置）

これまでの課で扱った文は「主文」といいます。「主文」に対して、それ自体で完結せず、主語や目的語、副詞など、主文における一文成分としての役割を果たす文のことを、「副文」といいます。

（1）副文のいろいろ

1. 従属接続詞とともに

   Sie kommt heute nicht, <u>**weil sie Fieber** hat.</u>

   　　　　　　　　　　　　　　　↑副文

2. 従属（間接）疑問文　　　　　　　直接疑問文（主文）

   Wissen Sie, <u>**wo** er jetzt **wohnt**</u>?　　Wo **wohnt** er jetzt?

   　　　　　　　　↑副文

3. 関係代名詞とともに（⇒第18課参照）

（2）構文：定形後置

主文：Sie **hat** Fieber.（定形第2位⇒第2課コラム①参照）

副文：**weil** sie Fieber **hat**, ...（定形後置）

（3）副文が先行した場合の語順

Wenn das Wetter schön **ist,** <u>**fahre**</u> ich morgen ans Meer.

　　　　　　　　　　　　　　　↑定形第2位

　　　副文＝一文成分

● 従属接続詞のいろいろ

als（〜したとき）	bevor（〜する前に）	bis（〜するまで）
dass（〜ということ）	nachdem（〜した後で）	ob（〜かどうか）
obwohl（〜ではあるが）	seit（〜して以来）	
während（〜する間に、〜の一方で）	wenn　（〜ならば、〜したとき）	
weil（〜なので）	da（〜なのだから［自明の理由］）	

140

Ich glaube, **dass** sie Fieber hat. 　　　　私は、彼女には熱があると思う。

Während die Kinder im Garten spielen, arbeitet der Vater im Wohnzimmer.
子どもたちが庭で遊んでいる間、父親はリビングで仕事をしている。

Wenn ich Zeit habe, gehe ich oft spazieren.
時間があると、私はよく散歩に出かける。

Obwohl es stark regnet, spielen die Kinder draußen Fußball.
雨がひどく降っているのに、子どもたちは外でサッカーをしている。

● 従属（間接）疑問文

141

（1）疑問詞のある場合
　　Ich weiß nicht, **wann** sie zu uns kommt.

（2）疑問詞のない場合（ob が必要）
　　Ich weiß nicht, **ob** sie heute zu uns kommt.

● wissen（〜を知っている）の現在人称変化

142

wissen			
単数 *sg.*		複数 *pl.*	
1人称	ich **weiß**	wir	wissen
2人称	du **weißt**	ihr	wisst
3人称	er sie **weiß** es	sie	wissen
2人称（社交称）Sie wissen			

Weißt du, wo er jetzt wohnt?
彼が今どこに住んでいるか、
知ってる？

※副文を目的語とするときはwissen
を用います。kennen は使えません。

コラム① 並列接続詞

次の接続詞は、語順に影響しません：

und（英 *and*）そして　　aber（英 *but*）しかし

oder（英 *or*）あるいは　denn（英 *for*）なぜなら

143

Ich fahre mit dem Fahrrad, **und** meine Mutter fährt mit dem Auto.

私は自転車で行き、私の母は車で行きます。

Paul geht zur Schule, **aber** Anna bleibt zu Hause.

パウルは学校へ行きますが、アンナは自宅にいます。

Anna bleibt heute zu Hause, **denn** sie hat Fieber.

アンナは今日家にいます、なぜなら熱があるからです。

コラム② 非人称の es

（1）天候

144

Es regnet.	雨が降（ってい）る。
Es schneit.	雪が降（ってい）る。
Es donnert.	雷が鳴（ってい）る。
Heute ist es heiß/kalt/schwül.	今日は暑い / 寒い / 蒸し暑い。

（2）時刻

145

Wie spät ist es?　　　　— Es ist 9. 30 Uhr.

何時ですか？　　　　　— 9 時 30 分です。

（3）生理・心理現象（文頭以外で省略）

146

Es ist mir kalt.　　　私は寒く感じます。（= Mir ist kalt.）

Es schwindelt ihm.　　彼はめまいがしています。（= Ihm schwindelt.）

（4）非人称熟語

es gibt ＋ 4 格：〜がある・いる

Gibt es hier in der Nähe einen Park?　　この近くに公園はありますか？

147

es handelt sich um ＋ 4 格：〜が問題だ・〜が重要だ

Es handelt sich um Geld.　　　お金のことが問題です。

48

練 習 問 題

A. （　　）内の接続詞を使って、a 文に b 文をつなぎましょう。

148

1. a) Sie kann nicht zur Party kommen,... b) Sie hat Kopfschmerzen.　(weil)
2. a) Die Kinder spielen noch Fußball, ... b) Es regnet stark.　　　(obwohl)
3. a) Ich glaube, ... b) Er möchte heute zu Hause bleiben.　　　　　(dass)

B. （　　）内の文を副文にして入れ、文を完成させましょう。

149

1. Können Sie mir sagen, ...　　　　(Wie komme ich zum Bahnhof?)
2. Weißt du, ...　　　　　　　　　　(Wann fährt der Zug nach Hamburg ab?)
3. Ich weiß nicht, ...　　　　　　　　(Kann er heute zu uns kommen?)

C. 日本語にしましょう。

150

1. Paul fährt oft ans Meer, weil er gern angelt.
2. Wenn er Zeit hat, geht er auch gern wandern.
3. Er bleibt heute zu Hause, weil er für die Prüfung lernen muss.

D. ドイツ語にしましょう。

151

1. アンナはよく劇場へ行きます（ins Theater gehen）、なぜならミュージカルを観る（gern Musicals sehen）のが好きだからです。
2. 時間があるときは、彼女は友人と外食します（mit ihren Freunden essen gehen）。
3. 彼女はテストのために勉強しなければならないのですが（obwohl）、今日も劇場に行きます。

＊　聞き取ってみましょう。

152

1. Wenn ich Zeit habe, gehe ich oft (　　　　　　　).
2. Wenn wir Zeit haben, (　　　　　) wir (　　　　　　　).
3. Wenn das Wetter schön ist, (　　　　　) wir (　　　) (　　　　).

第13課　動詞の3要形（3基本形）・過去人称変化

153

> Wo **waren** Sie gestern? — Ich **war** gestern zu Hause.
>
> あなたは昨日どこにいましたか？— 私は昨日自宅にいました。

● 動詞の3要形（3基本形）

動詞の「不定形」「過去基本形」「過去分詞」を、3要形（3基本形）といいます。

不定形は現在形の文や不定句（不定詞句）をつくるとき、過去基本形は過去形の文をつくるとき、過去分詞は完了形や受動態の文をつくるときに、主に用いられます。

● 規則動詞

不定形		過去基本形	過去分詞
――**en**		――**te**	**ge**――**t**
lern**en**	学ぶ	lern**te**	**ge**lern**t**
sag**en**	言う	sag**te**	**ge**sag**t**
wart**en**	待つ	wart**ete**	**ge**warte**t**

語幹が -t, -d, -ffn などで終わるものは、過去基本形――<u>e</u>te、過去分詞 ge――<u>e</u>t となります。

● 不規則動詞

（1）強変化

不定形		過去基本形	過去分詞
――**en**		――	**ge**―(△)―**en**
gehen	行く	**ging**	**gegangen**
kommen	来る	**kam**	**gekommen**
sehen	見える・会う	**sah**	**gesehen**
fahren	行く	**fuhr**	**gefahren**
nehmen	取る	**nahm**	**genommen**
bleiben	留まる	**blieb**	**geblieben**

50

(2) 混合変化

不定形		過去基本形	過去分詞
――en		――te	ge―△―t
denken	考える	**dachte**	**gedacht**
wissen	知っている	**wusste**	**gewusst**
können		**konnte**	**gekonnt/können** ※

※話法の助動詞の過去分詞は、2種類あります（⇒第 14 課 55 頁参照）。

● 過去分詞に ge- をつけないもの

(1) -ieren で終わる動詞

diskutieren	議論する	diskutierte	**diskutiert**
fotografieren	写真を撮る	fotografierte	**fotografiert**

(2) 非分離動詞

besuchen	訪れる	besuchte	**besucht**
verkaufen	売る	verkaufte	**verkauft**

● 分離動詞の 3 要形

auf|machen	開ける	machte...auf	**aufgemacht**
an|kommen	到着する	kam...an	**angekommen**

● sein, haben, werden の 3 要形

sein	～である	**war**	**gewesen**
haben	持っている	**hatte**	**gehabt**
werden	～になる	**wurde**	**geworden** ＊

＊受け身の助動詞として用いるときは、過去分詞に **worden** を使います（⇒第 17 課 67 頁
参照）。

● 動詞の過去人称変化

ドイツ語で過去形の文をつくるときは、動詞の過去基本形に次のような語尾をつけ（過去人称変化）、定形として用います。

		不定形	lernen	warten	kommen	können
	過去基本形		**lernte**	**wartete**	**kam**	**konnte**
ich	——		lernte	wartete	kam	konnte
du	——**st**		lernte**st**	wartete**st**	kam**st**	konnte**st**
er/sie/es	——		lernte	wartete	kam	konnte
wir	——**(e)n**		lernte**n**	wartete**n**	kam**en**	konnte**n**
ihr	——**t**		lernte**t**	wartete**t**	kam**t**	konnte**t**
Sie/sie	——**(e)n**		lernte**n**	wartete**n**	kam**en**	konnte**n**

過去の事柄を述べるために、ドイツ語では過去形と現在完了形（⇒第 14 課参照）が用いられます。その使い分けの規則は必ずしも明確ではありませんが、日常語では現在完了形が多く用いられます。ただし、sein、haben、話法の助動詞と受動文（⇒第 17 課参照）では、比較的多く過去形が用いられます。物語などで過去の事柄を現在と無関係に述べる場合にも、過去形が多く用いられます。

154

Wie lange **waren** Sie in Deutschland?　　ドイツにはどれくらいいましたか？

Er **hatte** gestern hohes Fieber.　　彼は昨日高熱がありました。

Ich **musste** weinen.　　私は泣かずにはいられなかった。

● sein, haben, werden の過去人称変化

不定形	sein	haben	werden
過去基本形	**war**	**hatte**	**wurde**
ich	war	hatte	wurde
du	war**st**	hatte**st**	wurde**st**
er/sie/es	war	hatte	wurde
wir	war**en**	hatte**n**	wurde**n**
ihr	war**t**	hatte**t**	wurde**t**
Sie/sie	war**en**	hatte**n**	wurde**n**

A. 次の動詞（不定形）の過去基本形と過去分詞をあげましょう。

155

1. machen
2. arbeiten
3. studieren
4. essen
5. auf|stehen
6. verstehen

B. 過去形の文に書き換えましょう。

156

1. Wann sind Sie in Deutschland?
2. Ich habe keine Zeit, zu Mittag zu essen.
3. Er kann seine Freundin nur am Samstag sehen.

C. 日本語にしましょう。

157

1. Wo waren Sie vor 10 Jahren?
2. Wir hatten keine Zeit, ins Kino zu gehen.
3. Gestern konnte sie nicht kommen, weil sie krank war.

D. ドイツ語にしましょう。

158

1. 当時（damals）私はオーストリア（Österreich）にいました。
2. あなたは昨日彼女のところへ（zu ihr）来ることができましたか？
3. 私たちにはその展覧会を訪れる（die Ausstellung besuchen）時間がありません（keine Zeit haben）でした。

＊ 聞き取ってみましょう。

159

1. (　　　　　　　) (　　　　　　) Sie in der Schweiz?
2. Vor zwei Jahren (　　　　　) (　　　　　) in (　　　　　　).
3. Gestern konnte ich nicht zu dir kommen, weil ich (　　　　　　)
(　　　　　　).

第14課　現在完了形

160

> Was **haben** Sie am Wochenende **gemacht**?
> あなたは週末に何をしましたか？
>
> Am Wochenende **bin** ich nach Kyoto **gefahren**.
> 週末に私は京都へ行きました。

● 現在完了形

(1) 構文：haben または sein（定形）＋過去分詞（文末）

161

Ich **habe** gestern Tennis **gespielt**.　私は昨日テニスをした。
「した」

Ich **bin** letztes Jahr nach Kyoto **gefahren**.　私は昨年京都へ行った。
「行った」

完了の助動詞に haben を用いるものを **haben 支配**の動詞、sein を用いるものを **sein 支配**の動詞といいます。

(2) sein 支配の動詞
ほぼすべてが自動詞（4格目的語をとらない動詞）で、次のような意味を表すものに限られます。

・ 場所の移動（gehen, kommen, fahren, fliegen など）
・ 状態の変化（werden, sterben, aufstehen, einschlafen など）
・ 例外（bleiben, sein など）

動詞が sein 支配のとき、辞書では次のように示されることがあります。
gehen 圓 (s.)　　　　**schwimmen** 圓 (s. u. h.)
圓は自動詞、(s.) は sein 支配、(s. u. h.) は sein 支配の場合も haben 支配の場合もあることを示しています。何も記載がない場合は、haben 支配です。

● 現在完了形の主な用例

ドイツ語の現在完了形は、単純な過去の事柄を表すことができます。

完了： Haben Sie schon gefrühstückt?
あなたはもう朝食を食べましたか？

過去： Letztes Jahr habe ich meinen Onkel besucht.
昨年私はおじを訪ねました。

経験： Sind Sie schon mal in Deutschland gewesen?
あなたはドイツにいたことがありますか？

● 話法の助動詞の現在完了形

ドイツ語では、können（～できる）や müssen（～しなければならない）のような話法の助動詞を、完了形にすることができます。現在完了形をつくるには、完了の助動詞に haben を用い、話法の助動詞の過去分詞（不定形と同形）を文末に置きます。

Ich muss jeden Tag lernen.   私は毎日勉強しなければならない。

Ich habe jeden Tag lernen müssen.   私は毎日勉強しなければならなかった。
　　　　　　　　　　　！過去分詞は不定形と同形

話法の助動詞が単独で用いられるときは、過去分詞は不定形と同形にはならず **ge — t** という形になります。

Sie kann Deutsch.   彼女はドイツ語ができる。

Sie **hat** Deutsch **gekonnt.**   彼女はドイツ語ができた。
　　　　　　！過去分詞は **ge — t**

コラム① 過去完了

過去完了形は、話題にされる過去の一時点からみて、さらに前に生じた事柄を表します。

構文：　hatte または war（過去人称変化）＋…過去分詞（文末）

Als wir nach Hause kamen, **war** er schon **weggegangen.**
私たちが帰宅したとき、すでに彼は立ち去っていました。

Nachdem wir den Film **gesehen hatten**, sind wir ins Restaurant gegangen.
私たちは映画を観た後で、レストランへ行きました。

コラム②　未来完了

未来完了形は、「（未来の一時点で）すでに～し終わっているでしょう」という未来における完了などを表すことができます。

構文：werden（定形）　＋…過去分詞＋ haben/sein（文末）

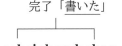
完了「書いた」

 Nächstes Jahr **wird** sie den Roman zu Ende **geschrieben haben.**

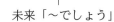
未来「～でしょう」

来年には彼女はその小説を最後まで書いていることでしょう。

日常語でこの意味の未来完了は現在完了形で表現できます。現在完了形が未来を表しているかどうかは、文脈や、「来年 nächstes Jahr」、「明日 morgen」など時を表す副詞（句）から判断します。

 Nächstes Jahr hat sie den Roman zu Ende geschrieben.
来年には彼女はその小説を最後まで書いていることでしょう。

未来完了形は、過去ないし完了した事柄についての推量（過去の推量）を表すときにも用います。

 Er **wird** das Haus schon **verlassen haben.**
彼はもう家を出てしまったでしょう。

169

A. 次の各文を現在完了形に書き換えましょう。完了の助動詞は haben です。

　　1. Ich lerne fleißig Deutsch.

　　2. Wir machen am Freitag eine Party.

　　3. Er besucht oft seine Großmutter.

　　4. Ich kann ihn gut verstehen.

170

B. 次の各文を現在完了形に書き換えましょう。完了の助動詞は sein です。

　　1. Ich gehe am Wochenende spazieren.

　　2. Wir bleiben zu Hause.

　　3. Ich stehe heute um 6 Uhr auf.

171

C. 日本語にしましょう。

　　1. Was haben Sie am Samstag gemacht?

　　2. Hat Paul schon zu Mittag gegessen?

　　3. Wann ist er nach Hause gekommen?

　　4. Ich bin letztes Jahr nach Wien gefahren und habe dort Musik studiert.

172

D. ドイツ語にしましょう。

　　1. あなたは昨日（gestern）よく眠れました（gut geschlafen haben）か？

　　2. 私はたくさん読書しました（viel gelesen haben）。

　　3. 私たちは一日中（den ganzen Tag）家にいました（zu Hause geblieben sein）。

173

＊ 聞き取ってみましょう。

　　1. Was（　　　　）Sie（　　　　）（　　　　　　　　　）（　　　　　）?

　　2. Ich　（　　　　）einen Roman（　　　　　　　　　）.

　　3. Wir（　　　　）heute früh（　　　　　　　　）.

174

> Ich kaufe **mir** dieses Wörterbuch.
> 私は（自分用に）この辞書を買います。
>
> Die Kinder **freuen sich auf** die Sommerferien.
> 子どもたちは夏休みを楽しみにしています。

● 再帰代名詞

文の中で主語と同じものを指す代名詞を再帰代名詞といいます。その形態には3格と4格があり、3人称の主語と Sie に対して **sich** を用います。それ以外は人称代名詞と同形です。

	ich	du	er/sie/es	wir	ihr	sie	Sie
3格	mir	dir	**sich**	uns	euch	**sich**	**sich**
4格	mich	dich	**sich**	uns	euch	**sich**	**sich**

175

Ich bin mit **mir** zufrieden.　　私は自分自身に満足しています。
　　　　　　　　　　　　　　　　ich = mir

Paul ist mit **sich** zufrieden.　パウルは彼自身に満足しています。
　　　　　　　　　　　　　　　　Paul = sich

Paul ist mit ihm zufrieden.　　パウルは彼に満足しています。
　　　　　　　　　　　　　　　　Paul ≠ ihm　　※主語とは別人の「彼」を指す。

Paul kauft **sich** dieses Auto.　パウルは（自分用に）この車を買います。
　　　　　　　　　　　　　　　　Paul = sich

Paul kauft ihm dieses Auto.　　パウルは彼にこの車を買います。
　　　　　　　　　　　　　　　　Paul ≠ ihm

Paul putzt **sich** die Zähne.　　パウルは（自分の）歯を磨きます。
　　　　　　　　　　　　　　　　Paul = sich

Paul putzt dem Kind die Zähne.　パウルはその子の歯を磨いてやります。
　　　　　　　　　　　　　　　　Paul ≠ dem Kind

● 再帰動詞

動詞と再帰代名詞が結びついてまとまった意味を成す表現形式のことを、再帰動詞と呼びます。
辞書には、再、再帰あるいは r./refl. などと表記されます。

176

Ich habe **mich** erkältet. 　　　　風邪をひきました。
　　　　　　　　　　　　　　　　　 < sich⁴ erkälten

Haben Sie **sich** gut erholt? 　　十分休養はとれましたか？
　　　　　　　　　　　　　　　　　 < sich⁴ erholen

他動詞の 4 格目的語に再帰代名詞を使い再帰動詞としても用いることが、よくあります。

Ich ziehe sofort das Kind um. 　　他　私はすぐにその子を着替えさせます。

Ich ziehe **mich** sofort um. 　　　再　私はすぐに着替えます。
　　　　　　　　　　　　　　　　　　　　（＝自分自身を着替えさせる）

● 再帰動詞と前置詞の結びつき（熟語表現）

再帰動詞は、特定の前置詞とともに用いられることがあります。

sich⁴ über⁴ ärgern	～ ⁴ に腹を立てる、怒る
sich⁴ mit³ beschäftigen	～ ³ に従事する、取り組む
sich⁴ an⁴ erinnern	～ ⁴ を思い出す、覚えている
sich⁴ auf⁴ freuen	（これから起こる）～ ⁴ を楽しみにしている
sich⁴ über⁴ freuen	（すでに起こった）～ ⁴ を喜んでいる
sich⁴ für⁴ interessieren	～ ⁴ に興味を持つ、関心を抱く
sich⁴ um⁴ kümmern	～ ⁴ を気にかける、面倒をみる

177

Der Schüler ärgert sich über seine Noten.
その生徒は成績について腹を立てています。

Anna beschäftigt sich zurzeit mit einem Aufsatz.
アンナは現在ある論文に取り組んでいます。

Erinnerst du dich noch an die Reise nach Italien?
君はまだイタリア旅行のことを覚えている？

Wir freuen uns auf den Urlaub.
私たちは休暇を楽しみにしています。

Meine Tochter freut sich sehr über das Geschenk.
私の娘はプレゼントを（もらって）とても喜んでいます。

Interessieren Sie sich für Fußball?
サッカーに興味はありますか？

Paul kümmert sich immer um seine Kinder.
パウルはいつも子どもたちの面倒をみています。

コラム 再帰代名詞の相互的用法

主語が複数のとき、再帰代名詞を用いて「お互いに（～しあう）」という意味を表すことがあります。

178

Paul und Anna verstehen **sich** sehr gut.
パウルとアンナは仲良しです（＝お互いにとてもよく理解しあっている）。

Wo treffen wir **uns**?
どこで待ち合せましょうか？

不特定の人を表す三人称単数扱いの主語 man や Paar（ペア）など、単数形でも複数の意味になる場合は、「～しあう」という意味で使えます。

179

Jetzt muss man **sich** helfen.
今はお互いに助け合わねばなりません。

練 習 問 題

A. 次の例文の主語を変えて、全文を書き換えましょう。

例（Beispiel）：Ich freue mich auf Weihnachten.

1. Wir…
2. Du…
3. Ihr…
4. Anna…
5. Paul und Anna…

B. 適切な3格の再帰代名詞を入れて、文を完成させましょう。

1. Meine Mutter wäscht (　　　　　　) die Hände.
2. Ich wasche (　　　　　) die Hände.
3. Hast du (　　　) schon die Zähne geputzt?
4. Habt ihr (　　　　) schon die Zähne geputzt?

C. 日本語にしましょう。

1. Anna interessiert sich für Wintersport.
2. Sie erinnert sich gut an ihre Kindheit in der Schweiz.
3. Jetzt freut sie sich sehr auf das Praktikum in Zürich.

D. ドイツ語にしましょう。

1. 私は、ドイツの音楽（deutsche Musik［無冠詞］）に興味があります。
2. 私は、ドイツ旅行のことをよく覚えています。
3. 今、私はミュンヘンでの大学生活（das Studium in München）をとても楽しみにしています。

＊ 聞き取ってみましょう。

1. Wofür interessieren Sie sich?
   − Ich interessiere mich für (　　　　　). Ich gehe oft ins (　　　　　).
2. Freuen Sie sich auf (　　　　　　　　)?
   − Nein, ich freue mich nicht darauf. Aber meine Kinder freuen sich sehr darauf.

第16課　形容詞

185

Dort steht ein **großer** Mann. Er ist der **neue** Lehrer.

あそこに背の高い男性が立っています。彼は新しい先生です。

● 形容詞の基本用法

（1）述語的用法（述語内容語として）

186

Der Mann ist **nett**.
その男性は親切だ。

（2）副詞的用法

Der Mann singt **gut**.
その男性は歌が上手い（＝上手に歌う）。

（3）付加語的用法

Der **nette** Mann ist ein **guter** Freund von mir.
その親切な男性は、私の親しい友人（の一人）です。

● 形容詞の格変化

形容詞を付加語として名詞の手前につけて用いるときは、修飾される名詞の性・数・格に応じて、形容詞に語尾がつきます（形容詞の格変化）。格変化のパターンは、冠詞の種類と有無によって、弱変化、混合変化、強変化の3つに分けられます。

(1) 弱変化＝定冠詞（類）＋形容詞＋名詞

	男性名詞	女性名詞	中性名詞
1格	der nette Mann	die nette Frau	das nette Kind
2格	des netten Mann[e]s	der netten Frau	des netten Kind[e]s
3格	dem netten Mann	der netten Frau	dem netten Kind
4格	den netten Mann	die nette Frau	das nette Kind

	複数形
1格	die netten Kinder
2格	der netten Kinder
3格	den netten Kindern
4格	die netten Kinder

(2) 混合変化＝不定冠詞（類）＋形容詞＋名詞

	男性名詞	女性名詞	中性名詞
1格	ein netter Mann	eine nette Frau	ein nettes Kind
2格	eines netten Mann[e]s	einer netten Frau	eines netten Kind[e]s
3格	einem netten Mann	einer netten Frau	einem netten Kind
4格	einen netten Mann	eine nette Frau	ein nettes Kind

	複数形
1格	meine netten Kinder
2格	meiner netten Kinder
3格	meinen netten Kindern
4格	meine netten Kinder

(3) 強変化＝形容詞＋名詞（無冠詞）

	男性名詞	女性名詞	中性名詞	複数形
1格	guter Wein	frische Milch	kaltes Bier	gute Weine
2格	guten Wein[e]s	frischer Milch	kalten Bier[e]s	guter Weine
3格	gutem Wein	frischer Milch	kaltem Bier	guten Weinen
4格	guten Wein	frische Milch	kaltes Bier	gute Weine

「ドイツ人」は、形容詞 deutsch を名詞化して用います（⇒コラム①参照）。

der Deutsche	die Deutsche	die Deutschen
ein Deutscher	eine Deutsche	Deutsche

コラム① 形容詞の名詞化

形容詞は、語頭を大文字にすると、その形容詞の性質を持つ名詞として使えます。この場合、男性名詞は男性、女性名詞は女性、複数形は複数の人々を表し、中性名詞は事物を表します。

	男性名詞		女性名詞		複数形		中性名詞	
1格	der	Gute	die	Gute	die	Guten	das	Gute
2格	des	Guten	der	Guten	der	Guten	des	Guten
3格	dem	Guten	der	Guten	den	Guten	dem	Guten
4格	den	Guten	die	Gute	die	Guten	das	Gute
1格	ein	Guter	eine	Gute		Gute	[etwas]	Gutes
2格	eines	Guten	einer	Guten		Guter	———	
3格	einem	Guten	einer	Guten		Guten	[etwas]	Gutem
4格	einen	Guten	eine	Gute		Gute	[etwas]	Gutes

中性名詞は、「etwas（何か・いくらか）」、「nichts（何も～ない）」、「viel（多くの）」などとともに、一つの概念としてまとめて用いることができます。

Im Westen nichts Neues 『西部戦線異状なし』（レマルクの小説のタイトル）

コラム② 比較表現

形容詞は、比較級を「より～である」、最上級を「最も～である」という意味で用います。

原級	比較級	最上級
	原級＋ **er**	原級＋（**e**）**st**/ am 原級＋（**e**）**sten**
klein	kleiner	kleinst/ am kleinsten
lang	länger	längst/ am längsten
jung	jünger	jüngst/ am jüngsten
alt	älter	ältest/ am ältesten
groß	größer	**größt**/ am **größt**en
gut	**besser**	**best**/ am **best**en
viel	**mehr**	**meist**/ am **meist**en

187

Hamburg ist **größer als** Heidelberg. ハンブルクはハイデルベルクより大きい。

Sie ist **die beste** in der Klasse./
Sie ist **am besten** in der Klasse. 彼女はクラスで最も優秀だ。

Paul singt **am schönsten** im Chor. パウルは合唱団の中で歌が一番うまい。

A. 下線部に形容詞の語尾を補い、文を完成させましょう。

1. Der nett___ Nachbar hilft uns immer.

2. Wie findest du die braun___ Jacke?

3. Der Mann mit dem gelb___ Mantel ist unser neuer Kollege.

188

B. 下線部に形容詞の語尾を補い、文を完成させましょう。

1. Dort spielt ein klein___ Junge mit seiner Schwester.

2. Sie möchte ein grün___ Kleid.

3. Er trägt heute eine rot___ Brille.

4. Ich wünsche Ihnen schön___ Ferien.

189

C. 日本語にしましょう。

1. Paul trägt heute einen schwarzen Pullover und ein weißes Hemd.

2. Sein blauer Mantel steht ihm sehr gut.

3. Diese beige Hose gefällt ihm sehr.

190

D. ドイツ語にしましょう。

1. アンナは今日紺の（dunkelblau）ワンピース（Kleid n.）を着ています。

2. 彼女の空色の（hellblau）のスカーフ（Schal m.）は彼女によく似合っています。

3. この赤い靴（Schuhe pl.）は彼女のお気に入りです。

191

* 聞き取ってみましょう。

1. Wie finden Sie diese braune (　　　　　　　　)?

2. Sie gefällt mir nicht. Ich finde diesen blauen (　　　　　　　　) schöner.

192

第17課　受動態

193

> Das Museum **wird** morgen um 10 Uhr **geöffnet.**
>
> その博物館は明日 10 時に開きます。

●受動態

主語が「～される」ことを表す言い方を受動態（動作受動）といいます。受動態は werden と過去分詞を組み合わせてつくります。

（1）構文：　**受け身の助動詞 werden** ＋...<u>過去分詞（文末）</u>

　　　　　　（↑**人称変化＝定形**）

　　　　　　　　　　morgen um 10 Uhr geöffnet **werden**

　　　　　Das Museum **wird** morgen um 10 Uhr <u>geöffnet</u>.

（2）能動文と受動文

能動文（主語が「～する」ことを表す文）の 4 格目的語のみが、受動文の主語になれます。能動文の主語（1 格）は行為者を表しますが、受動文では von ＋ 3 格、durch ＋ 4 格などで表せます。

194

能動文：**Der Lehrer** lobt **den** Schüler.　　　　　　その先生はその生徒をほめる。

受動文：**Der Schüler** wird **von dem Lehrer** gelobt.
　　　　　　　　　　　（vom）　　　　　　　その生徒はその先生にほめられる。

能動文：Man schickt dem Chef **die** Beschwerden.

受動文：**Die** Beschwerden **werden** dem Chef geschickt.　　苦情は上司に送られる。

● 状態受動

「ずっと～された状態にある」ことを表す受け身の形式を状態受動といい、動詞 sein と過去分詞を組み合わせてつくります。

195

動作受動：　Das Museum **wird** um 10 Uhr geöffnet.
　　　　　　その博物館は 10 時に開きます（開かれます）。

状態受動：　Das Museum **ist** von 10 Uhr bis 20 Uhr geöffnet.
　　　　　　その博物館は 10 時から 20 時まで開いています。

● werden の 3 要形（3 基本形）

werden には使い方によって二つの過去分詞があります。完了形は、どちらも sein 支配です。

不定形	過去基本形	過去分詞
werden	**wurde**	**geworden**（本動詞「～になる」）
		worden（受け身の助動詞）

196

Das Kind **ist** wieder gesund **geworden**.　　　その子は再び元気になった（本動詞）。

受動「救われ」

Das Kind **ist** wieder gerettet **worden**.　　　その子は再び救われた（受け身の助動詞）。

現在完了「た」

● 話法の助動詞を伴う受動文

受動「解答され」

197

Diese Aufgabe **kann** leicht gelöst **werden**.　　この課題は簡単に解ける（解答されうる）。

話法の助動詞「～うる」

コラム① 自動詞の受動

ドイツ語では、4格目的語をとらない動詞はすべて「自動詞」です。自動詞の受動態では形式上の主語 es を用いますが、es は文頭以外で省略します。

198

Man arbeitet bei uns sonntags nicht.　私たちのところでは日曜には働きません。
Es wird bei uns sonntags nicht gearbeitet.
Bei uns **wird** sonntags nicht gearbeitet.

コラム② 現在分詞と過去分詞

現在分詞や過去分詞は、形容詞や副詞として用いることができます。

現在分詞：不定形＋d　　　　　　　　　　ただし tun → tuend　　sein → seiend

singen → singen**d**

199

Der Junge kam **weinend** zu mir.　その少年は泣きながら私のところにやってきた。
der **lachend**e Junge　　　　　　　その笑っている少年
Studierende　　　　　　　　　　　大学生たち　　< studieren → studieren**d**

過去分詞（規則変化）：ge ＋語幹＋t　　（⇒不規則変化などについては第 13 課参照）
他動詞の場合：「～されて・～して」「～された・～した」（受動・完了）

200

Sie fuhr **erleichtert** nach Hause.　彼女はほっとして帰宅した。< erleichtern
eine **geteilt**e Gesellschaft　　　　分断された社会　　< teilen

自動詞の場合：「～して」「～した」（能動・完了）

201

Da kam ein Vogel **angeflogen**.　そこへ一羽の鳥がやってきた。　　< anfliegen
das **vergangen**e Jahr　　　　　　去年　　< vergehen

コラム③ ★コラム③ 受動態の時称

現　　在：　Dieses Gebäude **wird** hier **gebaut**.
過　　去：　Dieses Gebäude **wurde** hier **gebaut**.
未　　来：　Dieses Gebäude **wird** hier gebaut **werden**.
現在完了：　Dieses Gebäude **ist** hier gebaut **worden**.
過去完了：　Dieses Gebäude **war** hier gebaut **worden**.
未来完了：　Dieses Gebäude **wird** hier gebaut **worden sein**.

練 習 問 題

202

A. （　　）内の動詞を用いて、現在形の受動文を完成させましょう。

1. Diese Bäckerei _____ täglich um 6 Uhr _____ . (öffnen)
2. Hier _____ bald ein Konzertsaal _____ . (bauen)
3. Viele Verletzte _____ ins Krankenhaus _____ . (bringen)

203

B. 次の過去形の受動文を現在完了形に書き換えましょう。完了の助動詞は sein です。

1. Das Kind wurde sofort operiert.
2. Dieses Paket wurde bereits abgeschickt.
3. Viele Städte wurden durch die Bomben zerstört.

204

C. 日本語にしましょう。

1. Die Bäckerei wird heute um 14 Uhr geschlossen.
2. Die Bäckerei ist bereits geschlossen.
3. Diese Nachricht muss ihr sofort mitgeteilt werden.

205

D. ドイツ語にしましょう。

1. ここにはまもなく病院（ein Krankenhaus）が建てられます。
2. その少年はすぐに救出されました（sofort gerettet werden）。
3. その店は（das Geschäft）一日中（den ganzen Tag）閉まっています。

206

＊ 聞き取ってみましょう。

1. Diese Bäckerei ist täglich von (　　　　　) Uhr bis (　　　　　) Uhr geöffnet.
2. Die Bibliothek wird samstags um (　　　　　) Uhr geschlossen.
3. Das Paket soll Ihnen innerhalb von (　　　　　) Tagen zugestellt werden.

第18課 関係代名詞

Kennen Sie den Mann, **der** dort drüben steht？
あの向こう側に立っている男性のことを知っていますか？

207

Dort ist ein Restaurant, **wo** man gut japanisch essen kann.
そこに、おいしい日本食を食べられるレストランがあります。

●関係文
定関係代名詞を伴う関係文は、ある名詞を説明するために用いられます。

208

Kennen Sie den Mann? Er steht dort.
その男性のことを知っていますか？　彼はあの向こう側に立っています。

Kennen Sie den Mann, **der** dort drüben steht?
あの向こう側に立っている男性のことを知っていますか？

●定関係代名詞の格変化

	男性名詞	女性名詞	中性名詞	複数形
1格	der	die	das	die
2格	**dessen**	**deren**	**dessen**	**deren**
3格	dem	der	dem	**denen**
4格	den	die	das	die

定関係代名詞文の注意点：

1. 定関係代名詞の性と数は、先行詞 に合わせる
2. 定関係代名詞の格は、関係文中の役割 に合わせる・省略は不可
3. 関係文は副文 = 定形後置、必ずコンマ「,」で区切る

↓男性・単数

Kennen Sie den Mann , **der** dort drüben steht?

            ↑1格   ↑定形後置

	m.	*f.*	*n.*	*pl.*
1格	**der**	die	das	die
2格	dessen	deren	dessen	deren
3格	dem	der	dem	denen
4格	den	die	das	die

209

Mein Bruder kommt morgen nach Japan zurück.

[**Mein Bruder** studiert schon lange in Köln.]

→ Mein Bruder, **der** schon lange in Köln studiert, kommt morgen nach Japan zurück.

Ich habe einen Freund.

[Die Mutter **des Freundes** arbeitet in Wien als Architektin.]

→ Ich habe einen Freund, **dessen** Mutter in Wien als Architektin arbeitet.

Herr Müller kommt heute nicht.

[Ich wollte **Herrn Müller** dieses Buch zurückgeben.]

→ Herr Müller, **dem** ich dieses Buch zurückgeben wollte, kommt heute nicht.

Das ist der Mantel.

[**Den Mantel** habe ich seit drei Tagen gesucht.]

→ Das ist der Mantel, **den** ich seit drei Tagen gesucht habe.

● 前置詞つき関係代名詞

210

前置詞とともに用いるときは、前置詞と関係代名詞をセットにします。

Dort ist ein Restaurant.

In dem Restaurant kann man gut japanisch essen.

→ Dort ist ein Restaurant, **in dem** man gut japanisch essen kann.

そこに、おいしい日本食を食べられるレストランがあります。

● 関係副詞 wo

211

場所や時などを表す語を先行詞とするときには、関係副詞 wo も用いられます。

Dort ist ein Restaurant, **wo** man gut japanisch essen kann.

             （= in dem）

コラム① 指示代名詞

人や物を指し、人称代名詞以上に近接感をもって「その人」、「その人たち」、「それ」、「それら」と言う場合に、指示代名詞が用いられます。格変化は定関係代名詞と同じです。物の場合にも男性名詞、女性名詞はそれぞれ男性、女性の指示代名詞を用います。不定関係代名詞を受けることもあります（⇒コラム②参照）。

212

Kennen Sie Herrn Müller? —Nein, **den** kenne ich nicht.
ミュラーさんのことを知っていますか？—いいえ、その人のことは知りません。

Das ist eine schöne Tasche. **Die** gefällt mir.
素敵なカバンですね。気に入りました。

コラム② 不定関係代名詞 wer, was

「〜する人は誰でも」や「〜するもの（こと）は何でも」を表す不定関係代名詞は、原則として先行詞を取りません。格変化は疑問代名詞（⇒第3課11頁参照）と同じです。主文に先行する不定関係代名詞文の格は、指示代名詞を用いて表します。ただし、wer...der、wen...den となる場合は、省略が可能です。

213

Wer Philosophie studiert, (**der**) muss dieses Buch lesen.
哲学を学ぶ者はこの本を読まなければならない。

Wer mir hilft, **dem** bin ich dankbar.
手伝ってくださる方に感謝します。

Wem du geholfen hast, **der** ist dir nicht immer dankbar.
君が手伝ってあげた人が、いつも君に感謝するとは限らない。

was は、etwas、alles、nichts や、名詞化された形容詞（das Beste など）を、先行詞として取ることがあります。

214

Das ist alles, **was** wir jetzt haben.
これが、私たちが今持っているものすべてです。

Ich vergesse nichts, **was** ich einmal gehört habe.
私は、一度聞いたことは忘れない。

_72_

A. （　　　）内に定関係代名詞を補い、文を完成させましょう。

215

1. Er hat eine Bekannte, (　　　　　) jetzt in Wien studiert.
2. Sie hat einen Bekannten, (　　　　　) jetzt in Zürich wohnt.
3. Wem gehört das Auto, (　　　　　) jetzt vor dem Haus steht?

B. ［　　］内の文を、下線部を先行詞とする関係文にして、2つの文をつなげましょう。

216

1. <u>Meine Kollegin</u> kommt morgen nach Japan zurück.
   [Meine Kollegin arbeitet schon lange in Köln.]
   →
2. Das ist <u>der Koffer</u>.
   [Den Koffer wollte ich meinem Freund schenken.]
   →
   Ich kenne <u>die Frau</u>.
3. [Mit der Frau hast du gerade gesprochen.]
   →

C. 日本語にしましょう。

217

1. Anna hat einen Bruder, der seit fünf Jahren in Leipzig wohnt.
2. Ihr Bruder kennt ein Restaurant, wo man gut deutsch essen kann.
3. Er studiert an einer Universität, die vor über 600 Jahren gegründet wurde.

D. ドイツ語にしましょう。

218

1. パウルには、今ウィーンに住んでいる妹が一人（Schwester f.）います。
2. 彼の妹は、日本語がよくできる（gut Japanisch können）同僚（Kollegin f.）を一人知っています。
3. 彼女は、百年以上前に建てられた（vor über 100 Jahren gebaut werden）建物で（in einem Gebäude）働いています。

＊　聞き取ってみましょう。

219

1. Heißt er Paul? Ich habe einen (　　　　　　), der auch Paul heißt.
2. Heißt sie Anna? Ich kenne eine (　　　　　　), die auch Anna heißt.

第19課　接続法（1）

220

> Wenn ich mehr Zeit **hätte**, **würde** ich mit dir ins Kino gehen.
>
> 私にもっと時間があれば、君と一緒に映画に行くのに。

● 接続法

事実を表す際の動詞の使い方を「直説法」というのに対して、非現実の事柄や、間接的な引用を表したりする際の動詞の使い方のことを、「接続法」といいます。接続法第1式の基本形は、不定形を元につくります（⇒第20課参照）。接続法第2式の基本形は、過去基本形を元につくります。日常会話では第2式が、新聞や雑誌などでは第1式が、よく使われます。

● 接続法第2式の形態

不定形		過去基本形	接続法第2式の基本形
——**en**		——**te**/——	
lernen	学ぶ	lernte	lernte
gehen	行く	ging	**ginge**
kommen	来る	kam	**käme**
sein	～である	war	**wäre**
haben	持っている	hatte	**hätte**
können	できる	konnte	**könnte**
sollen	すべきだ	sollte	**sollte**
werden		wurde	**würde**

● 接続法第2式の人称変化

	不定形	lernen	sein	haben	können
接続法第2式の基本形		**lernte**	**wäre**	**hätte**	**könnte**
ich		lernte	wäre	hätte	könnte
du		lernte**st**	wär(e)**st**	hätte**st**	könnte**st**
er/sie/es		lernte	wäre	hätte	könnte
wir		lernte**n**	wäre**n**	hätte**n**	könnte**n**
ihr		lernte**t**	wär(e)**t**	hätte**t**	könnte**t**
Sie/sie		lernte**n**	wäre**n**	hätte**n**	könnte**n**

● 接続法第 2 式の主な用法

（1）非現実話法

221

Wenn ich Zeit **hätte**, **ginge** ich gern mit dir ins Kino.
私に時間があれば、君と一緒に映画を見に行くのだけれど。

= Wenn ich Zeit hätte, **würde** ich gern mit dir ins Kino gehen.

前提部の wenn は省略が可能です。その場合、定形は文頭に置きます。

Hätte ich Zeit, würde ich gern mit dir ins Kino gehen.

（2）前提部のバリエーション
前提部のみを用いて、願望を表すことができます。

222

Wenn ich doch mehr Zeit **hätte**! 私にもっと時間があればいいのにな。
Hätte ich doch mehr Zeit!

前提部（もし〜ならば）の代わりに、語句を用いて表現することができます。

223

Ich würde so etwas nicht tun.　 私ならそんなことはしないでしょうね。

Ohne Ihre Hilfe hätte ich das Projekt nicht geschafft.
あなたの援助がなかったら、私はそのプロジェクトを達成していなかったでしょう。
（接続法過去⇒コラム参照）

（3）外交的接続法
控えめで丁寧な言い方や、断定的な言い方を避ける言い方（婉曲表現）にも接続法第 2 式が
用いられます。

224

Könnten Sie mir bitte helfen?　　　手伝っていただけませんか？
Ich hätte gern ein Glas Wasser, bitte.　水を一杯いただきたいのですが。

Du solltest mehr Gemüse essen.　　　もっと野菜を食べたほうがいいよ。

（4）als ob ＋副文

「als ob ＋副文」で、「あたかも〜かのように」を表します。

225

Er redet so, als ob er alles über Japan **wüsste**.
彼は、まるで日本についてすべて知っているかのような言い方をする。

ob を省略し、代わりに定形を置くこともできます。

Er redet so, als **wüsste** er alles über Japan.

コラム 接続法第 2 式の過去

「〜だったら、…だったのに」など過去の非現実を表す際には、動詞を完了形にして、完了の助動詞に hätte または wäre を用います。現在完了形をつくるときに haben 支配となる動詞は hätte とともに、sein 支配となる動詞は wäre とともに使われます。hätte と wäre は人称変化します。

226

過去の事実（現在完了形）：
Ich hatte gestern keine Zeit. Ich ging nicht ins Kino.
(Ich **habe** gestern keine Zeit gehabt. Ich **bin** nicht ins Kino gegangen.)
私には昨日時間が無かった。私は映画を見に行かなかった。

→ Wenn ich gestern Zeit gehabt <u>hätte</u>, <u>wäre</u> ich ins Kino gegangen.
もし私に昨日時間があったら、映画を見に行っていたのに。

Ich war nicht fleißig. Ich konnte die Prüfung nicht bestehen.
(Ich **bin** nicht fleißig gewesen. Ich **habe** die Prüfung nicht bestehen können.)
私は勤勉でなかった。私は試験に合格できなかった。

→ Wenn ich fleißig gewesen <u>wäre</u>, <u>hätte</u> ich die Prüfung bestehen können.
もし私が勤勉だったら、試験に合格できたのに。

（接続法の時称⇒第 20 課コラム参照）

A. 下線部に（　　）内の動詞を接続法第2式にして入れ、文を完成させましょう。
1. Wenn ich mehr Zeit _____, ginge ich gern in die Oper.　（haben）
2. Wenn ich krank _____, würde ich zu Hause bleiben.　（sein）
3. _____ wir doch mehr Zeit!　（haben）
4. _____ du mir bitte helfen?　（können）
5. Du _____ dich mehr bewegen.　（sollen）

B. 例にならって、非現実の言い方に書き換えましょう。
例（Beispiel）：Ich habe keine Zeit. Deshalb gehe ich nicht mit dir ins Kino.
→ Wenn ich Zeit hätte, würde ich gern mit dir ins Kino gehen.

1. Ich bin müde. Deshalb gehe ich heute nicht einkaufen.
2. Es regnet stark. Deshalb können wir heute keinen Ausflug machen.

C. 日本語にしましょう。
1. Wenn das Wetter schön wäre, würde er gern spazieren gehen.
2. Wenn er mehr Geld hätte, würde er sich ein großes Haus kaufen.

D. ドイツ語にしましょう。
1. 天気が良ければ、私は買い物にでかける（einkaufen gehen）のですが。
2. 私にもっとお金があれば、私は大きな船（ein großes Schiff）を買うでしょう。

＊ 聞き取ってみましょう。
1. Was würden Sie gern machen, wenn Sie ein (　　　　　　　　　)
wären?
2. Was (　　　　　　) Sie gern machen, wenn Sie ein (　　　　　　　　　)
wären?

第20課　接続法（2）

232

> Er sagt, er **lerne** jeden Tag Deutsch.
>
> 彼は、毎日ドイツ語を勉強している、と言っています。

● 接続法第 1 式の形態

不定形		接続法第 1 式の基本形
——en		——**e**
lernen	学ぶ	**lerne**
nehmen	〜を取る	**nehme**
wissen	知っている	**wisse**
haben	持っている	**habe**
können	できる	**könne**
sollen	すべきだ	**solle**
sein	〜である	**sei**

● 接続法第 1 式の人称変化

	不定形	lernen	sein	haben	können
接続法第 1 式の基本形		**lerne**	**sei**	**habe**	**könne**
ich		lerne	sei	habe	könne
du		lerne**st**	sei(e)**st**	habe**st**	könne**st**
er/sie/es		lerne	sei	habe	könne
wir		lerne**n**	seie**n**	habe**n**	könne**n**
ihr		lerne**t**	seie**t**	habe**t**	könne**t**
Sie/sie		lerne**n**	seie**n**	habe**n**	könne**n**

人称変化のパターンは、接続法第 2 式と同じです。

● 接続法第 1 式の主な用法

（1）間接話法

他人の意見や発言を引用する時、引用符をつけて発言内容をそのまま記す形式のことを、直接話法といいます。これに対し、引用符をつけずに、引用者の立場で発言内容を言い換える形式のことを、間接話法といいます。

233

直接引用（直接話法）： Er sagt: „Ich lerne jeden Tag Deutsch.“
　　　　　　　　　　　　　彼は「私は毎日ドイツ語を勉強しています」と言っている。
間接引用（間接話法）： Er sagt, er **lerne** jeden Tag Deutsch.
　　　　　　　　　　　　　彼は、毎日ドイツ語を勉強している、と言っている。

直説法と同形になる場合は、接続法第 2 式を代用します。

234

直接引用： Die Schüler sagen: „Wir haben keine Zeit.“
　　　　　　その生徒たちは「私たちには時間がない」と言っている。
間接引用： Die Schüler sagen, sie **hätten** keine Zeit.
　　　　　　その生徒たちは、時間がない、と言っている。

疑問文や命令文の引用にも、間接話法が用いられます。

235

直接引用： Er fragte mich: „Können Sie mir helfen?“
　　　　　　彼は私に「あなたが私を手伝ってくれませんか」と尋ねた。
間接引用： Er fragte mich, **ob** ich ihm helfen **könne**.

直接引用： Er fragte mich: „Wann kommst du heute nach Hause zurück?“
　　　　　　彼は私に「今日はいつ帰ってくるの」と尋ねた。
間接引用： Er fragte mich, **wann** ich heute nach Hause **zurückkäme**.

直接引用： Er sagte zu mir: „Komm sofort nach Hause zurück!“
　　　　　　彼は私に「すぐ家に帰ってきなさい」と言った。
間接引用： Er sagte mir, ich **solle/möge** sofort nach Hause zurückkommen.

（2）要求話法

取り扱い説明書や慣用表現で使われます。

236

Man **nehme** täglich zwei Tabletten.　　一日 2 錠服用のこと。
Es **lebe** die Königin!　　　　　　　　女王陛下万歳！

コラム① 接続法第 1 式の過去

間接引用文で過去の事柄を表すには、動詞を完了形にして、完了の助動詞に habe または sei を基本形として用います。現在完了形をつくるときに haben 支配となる動詞は habe とともに、sein 支配となる動詞は sei とともに使われます。habe と sei は人称変化します。

237

<blockquote>

直接引用： Er sagt: „Ich hatte keine Zeit.“
　　　　　彼は「僕には時間が無かった」と言っている。

間接引用： Er sagt, er **habe** keine Zeit gehabt.
　　　　　彼は、時間が無かったと言っている。

</blockquote>

英語と異なり、主文の時称は間接話法の形式に影響しません。

238

<blockquote>

直接引用： Er sagte, „Ich habe keine Zeit.“
　　　　　彼は「僕には時間が無い」と言った。

間接引用： Er sagte, er **habe** keine Zeit.
　　　　　彼は、時間が無いと言った。

</blockquote>

コラム② 接続法の時称

直説法	接続法第 1 式	接続法第 2 式
現在　er sagt	er sage	er sagte
過去　er sagte		
現在完了　er hat...gesagt	er habe...gesagt	er hätte...gesagt
過去完了　er hatte...gesagt		
未来　er wird...sagen	er werde...sagen	er würde...sagen

sein 支配の場合　接続法第 1 式　　er sei gekommen
　　　　　　　　 接続法第 2 式　　er wäre gekommen

80

=========================== 練 習 問 題 ===========================

239

A. 各文を、接続法を使って間接話法の文に書き換えましょう。

    1. Er sagt: „Ich habe heute keine Zeit.“

    2. Sie sagt: „Meine Kinder haben heute keine Zeit mehr.“

    3. Mein Chef fragte mich: „Können Sie dieser Dame helfen?“

240

B. 例にならって、直接話法の文に書き換えましょう。

    例（Beispiel）: Die Schüler sagen, sie hätten keine Zeit.

    → Die Schüler sagen: „Wir haben keine Zeit.“

    1. Sie sagte mir, ihre Kinder seien schon müde.

    2. Er fragte mich, ob ich einen Führerschein hätte.

    3. Er fragte Frau Müller, wann sie zu ihm kommen könne.

241

C. 間接話法に注意して、日本語にしましょう。

Mein Sohn sagte mir, er sei jetzt im Krankenhaus und lasse sich bald operieren. Die Ärztin habe ihm mitgeteilt, das Risiko der Operation sei gering. Mein Sohn sagte mir, ich solle mir deshalb keine Sorgen machen. Ich mache mir aber trotzdem Sorgen um ihn.

付録（1）数詞

基数

242

0 null	10 zehn	20 **zwanzig**
1 eins	11 elf	21 einundzwanzig
2 zwei	12 zwölf	22 zweiundzwanzig
3 drei	13 dreizehn	30 **dreißig**
4 vier	14 vierzehn	40 vierzig
5 fünf	15 fünfzehn	50 fünfzig
6 sechs	16 **sechzehn**	60 **sechzig**
7 sieben	17 **siebzehn**	70 **siebzig**
8 acht	18 achtzehn	80 achtzig
9 neun	19 neunzehn	90 neunzig

100	[ein]hundert	
200	zweihundert	
1 000	[ein] tausend	
10 000	zehntausend	1 万
100 000	hunderttausend	10 万
1 000 000	eine Million	100 万
10 000 000	zehn Millionen	1 千万
100 000 000	hundert Millionen	1 億
1 000 000 000	eine Milliarde	10 億
1 000 000 000 000	eine Billion	1 兆

序数

243

1. erst	6. sechst	11. elft	16. sechzehnt
2. zweit	7. sieb[en]t	12. zwölft	17. siebzehnt
3. dritt	8. acht	13. dreizehnt	18. achtzehnt
4. viert	9. neunt	14. vierzehnt	19. neunzehnt
5. fünft	10. zehnt	15. fünfzehnt	20. zwanzigst

34. vierunddreißigst	56. sechsundfünfzigst
100. hundertst	1000. tausendst

1. (erster) Teil　　　　　　　　　　　　　第一部
der Zweite Weltkrieg　　　　　　　　　　第二次世界大戦
Karl V. (der Fünfte)　　　　　　　　　　カール 5 世
am 3. (dritten) Oktober　　　　　　　　10 月 3 日に
im 21. (einundzwanzigsten) Jahrhundert　21 世紀に

時刻

Wie spät ist es?　　　　　　何時ですか？
Es ist drei (Uhr).　　　　　　3 時です。

8.00 Uhr	acht Uhr	acht
8.10 Uhr	acht Uhr zehn	zehn nach acht
8.15 Uhr	acht Uhr fünfzehn	Viertel nach acht
8.30 Uhr	acht Uhr dreißig	halb neun
8.45 Uhr	acht Uhr fünfundvierzig	Viertel vor neun
8.55 Uhr	acht Uhr fünfundfünfzig	fünf vor neun
1.00 Uhr	**ein** Uhr	eins

西暦年

1099 年までと 2001 年〜 2099 年は基数と同じ読み方をする。
962 年＝ neunhundertzweiundsechzig
2045 年＝ zweitausendfünfundvierzig

1100 年〜 1999 年は 100 年の単位で区切る。
1749 年＝ siebzehn**hundert**neunundvierzig
1999 年＝ neunzehn**hundert**neunundneunzig

日付

Der wievielte ist heute?　　　　　　今日は何日ですか？
Heute ist der 9. (neunte) November.　今日は 11 月 9 日です。

Goethe wurde am 28. (achtundzwanzigsten) August 1749 geboren.
ゲーテは 1749 年 8 月 28 日に生まれた。

付録（2） 主な格変化

定冠詞

248

	男性名詞	女性名詞	中性名詞	複数形
1格	**der** Mann	**die** Frau	**das** Kind	**die** Kinder
2格	**des** Mann[e]s	**der** Frau	**des** Kind[e]s	**der** Kinder
3格	**dem** Mann	**der** Frau	**dem** Kind	**den** Kindern
4格	**den** Mann	**die** Frau	**das** Kind	**die** Kinder

不定冠詞

249

	男性名詞	女性名詞	中性名詞
1格	ein △ Mann	ein**e** Frau	ein △ Kind
2格	ein**es** Mann[e]s	ein**er** Frau	ein**es** Kind[e]s
3格	ein**em** Mann	ein**er** Frau	ein**em** Kind
4格	ein**en** Mann	ein**e** Frau	ein △ Kind

否定冠詞

250

	男性名詞	女性名詞	中性名詞	複数形
1格	kein △ Mann	kein**e** Frau	kein △ Kind	kein**e** Kinder
2格	kein**es** Mann[e]s	kein**er** Frau	kein**es** Kind[e]s	kein**er** Kinder
3格	kein**em** Mann	kein**er** Frau	kein**em** Kind	kein**en** Kindern
4格	kein**en** Mann	kein**e** Frau	kein △ Kind	kein**e** Kinder

人称代名詞

251

	私	君	彼・それ	彼女・それ	それ	私たち	君たち	彼ら・彼女ら・それら	あなた・あなた方
1格	ich	du	er	sie	es	wir	ihr	sie	Sie
3格	mir	dir	ihm	ihr	ihm	uns	euch	ihnen	Ihnen
4格	mich	dich	ihn	sie	es	uns	euch	sie	Sie

再帰代名詞

252

人称代名詞1格	ich	du	er/sie/es		wir	ihr	sie	Sie
再帰代名詞3格	mir	dir	**sich**		uns	euch	**sich**	**sich**
再帰代名詞4格	mich	dich	**sich**		uns	euch	**sich**	**sich**

定冠詞類

253

	男性名詞	女性名詞	中性名詞	複数形
1格	dies**er** Mann	dies**e** Frau	dies**es** Kind	dies**e** Kinder
2格	dies**es** Mann[e]s	dies**er** Frau	dies**es** Kind[e]s	dies**er** Kinder
3格	dies**em** Mann	dies**er** Frau	dies**em** Kind	dies**en** Kindern
4格	dies**en** Mann	dies**e** Frau	dies**es** Kind	dies**e** Kinder

不定冠詞類

254

	男性名詞	女性名詞	中性名詞	複数形
1格	mein △ Mann	mein**e** Frau	mein △ Kind	mein**e** Kinder
2格	mein**es** Mann[e]s	mein**er** Frau	mein**es** Kind[e]s	mein**er** Kinder
3格	mein**em** Mann	mein**er** Frau	mein**em** Kind	mein**en** Kindern
4格	mein**en** Mann	mein**e** Frau	mein △ Kind	mein**e** Kinder

人称代名詞 1 格と所有冠詞の対応関係

	人称代名詞	所有冠詞	人称代名詞	所有冠詞
1人称	ich	mein	wir	unser
2人称	du Sie	dein Ihr	ihr Sie	euer Ihr
3人称	er sie es	sein ihr sein	sie	ihr

疑問代名詞 wer, was

255

1格	wer	was
2格	wessen	—
3格	wem	—
4格	wen	was

定関係代名詞

256

	男性名詞	女性名詞	中性名詞	複数形
1格	der	die	das	die
2格	**dessen**	**deren**	**dessen**	**deren**
3格	dem	der	dem	**denen**
4格	den	die	das	die

付録（3）主な「不規則動詞」の変化表

不定詞	直説法現在	過去基本形	接続法第2式	過去分詞
befehlen 命じる	*du befiehlst* *er befiehlt*	**befahl**	beföhle (befähle)	**befohlen**
beginnen 始める		**begann**	begänne (begönne)	**begonnen**
bieten 提供する		**bot**	böte	**geboten**
binden 結ぶ		**band**	bände	**gebunden**
bitten 頼む		**bat**	bäte	**gebeten**
bleiben (s) とどまる		**blieb**	bliebe	**geblieben**
brechen (s, h) 折る	*du brichst* *er bricht*	**brach**	bräche	**gebrochen**
bringen 持ってくる		**brachte**	brächte	**gebracht**
denken 考える		**dachte**	dächte	**gedacht**
essen 食べる	*du isst* *er isst*	**aß**	äße	**gegessen**
fahren (s) 行く（乗り物で）	*du fährst* *er fährt*	**fuhr**	führe	**gefahren**
fallen (s) 落ちる	*du fällst* *er fällt*	**fiel**	fiele	**gefallen**
fangen 捕える	*du fängst* *er fängt*	**fing**	finge	**gefangen**
finden 見つける		**fand**	fände	**gefunden**
fliegen (s) 飛ぶ		**flog**	flöge	**geflogen**
geben 与える	*du gibst* *er gibt*	**gab**	gäbe	**gegeben**
gehen (s) 行く		**ging**	ginge	**gegangen**
gelten 通用する	*du giltst* *er gilt*	**galt**	gölte (gälte)	**gegolten**
genießen 楽しむ	*du genießt* *er genießt*	**genoss**	genösse	**genossen**
geschehen (s) 起こる	*es geschieht*	**geschah**	geschähe	**geschehen**
gewinnen 獲得する		**gewann**	gewönne (gewänne)	**gewonnen**

不定詞	直説法現在	過去基本形	接続法第2式	過去分詞
greifen つかむ		**griff**	griffe	**gegriffen**
haben 持っている	*du hast* *er hat*	**hatte**	hätte	**gehabt**
halten 保つ	*du hältst* *er hält*	**hielt**	hielte	**gehalten**
hängen 掛かっている		**hing**	hinge	**gehangen**
heben 持ち上げる		**hob**	höbe (hübe)	**gehoben**
heißen 〜とよばれる	*du heißt* *er heißt*	**hieß**	hieße	**geheißen**
helfen 助ける	*du hilfst* *er hilft*	**half**	hülfe (hälfe)	**geholfen**
kennen 知っている		**kannte**	kennte	**gekannt**
kommen (s) 来る		**kam**	käme	**gekommen**
laden 積み込む	*du lädst* *er lädt*	**lud**	lüde	**geladen**
lassen 〜させる	*du lässt* *er lässt*	**ließ**	ließe	**gelassen** **(lassen)**
laufen (s) 走る	*du läufst* *er läuft*	**lief**	liefe	**gelaufen**
leihen 貸す		**lieh**	liehe	**geliehen**
lesen 読む	*du liest* *er liest*	**las**	läse	**gelesen**
liegen 横たわっている		**lag**	läge	**gelegen**
nehmen 取る	*du nimmst* *er nimmt*	**nahm**	nähme	**genommen**
nennen 名づける		**nannte**	nennte	**genannt**
raten 忠告する	*du rätst* *er rät*	**riet**	riete	**geraten**
rufen 呼ぶ		**rief**	riefe	**gerufen**
schaffen 創造する		**schuf**	schüfe	**geschaffen**
scheiden 分ける		**schied**	schiede	**geschieden**
scheinen 輝く		**schien**	schiene	**geschienen**

不定詞	直説法現在	過去基本形	接続法第2式	過去分詞
schieben 押す		**schob**	schöbe	**geschoben**
schießen 撃つ	*du schießt* *er schießt*	**schoss**	schösse	**geschossen**
schlafen 眠っている	*du schläfst* *er schläft*	**schlief**	schliefe	**geschlafen**
schlagen 打つ	*du schlägst* *er schlägt*	**schlug**	schlüge	**geschlagen**
schließen 閉める	*du schließt* *er schließt*	**schloss**	schlösse	**geschlossen**
schneiden 切る		**schnitt**	schnitte	**geschnitten**
schreiben 書く		**schrieb**	schriebe	**geschrieben**
schreien 叫ぶ		**schrie**	schriee	**geschrien**
schreiten (s) 歩く		**schritt**	schritte	**geschritten**
schweigen 黙っている		**schwieg**	schwiege	**geschwiegen**
schwimmen (s, h) 泳ぐ		**schwamm**	schwömme (schwämme)	**geschwommen**
sehen 見る	*du siehst* *er sieht*	**sah**	sähe	**gesehen**
sein (s) ～である	*ich bin* *du bist* *er ist*	**war**	wäre	**gewesen**
senden 送る		**sandte**	sendete	**gesandt**
singen 歌う		**sang**	sänge	**gesungen**
sinken (s) 沈む		**sank**	sänke	**gesunken**
sitzen 座っている	*du sitzt* *er sitzt*	**saß**	säße	**gesessen**
sprechen 話す	*du sprichst* *er spricht*	**sprach**	spräche	**gesprochen**
springen (s, h) 跳ぶ		**sprang**	spränge	**gesprungen**
stehen 立っている		**stand**	stünde (stände)	**gestanden**
stehlen 盗む	*du stiehlst* *er stiehlt*	**stahl**	stähle (stöhle)	**gestohlen**
steigen (s) 登る		**stieg**	stiege	**gestiegen**

不定詞	直説法現在	過去基本形	接続法第2式	過去分詞
sterben (s) 死ぬ	*du stirbst* *er stirbt*	**starb**	stürbe	**gestorben**
stoßen 突く	*du stößt* *er stößt*	**stieß**	stieße	**gestoßen**
streiten 争う		**stritt**	stritte	**gestritten**
tragen 運ぶ	*du trägst* *er trägt*	**trug**	trüge	**getragen**
treffen 会う	*du triffst* *er trifft*	**traf**	träfe	**getroffen**
treiben 駆り立てる		**trieb**	triebe	**getrieben**
treten (s) 歩む	*du trittst* *er tritt*	**trat**	träte	**getreten**
trinken 飲む		**trank**	tränke	**getrunken**
tun する	*ich tue* *du tust* *er tut*	**tat**	täte	**getan**
vergessen 忘れる	*du vergisst* *er vergisst*	**vergaß**	vergäße	**vergessen**
verlieren 失う		**verlor**	verlöre	**verloren**
wachsen (s) 成長する	*du wächst* *er wächst*	**wuchs**	wüchse	**gewachsen**
waschen 洗う	*du wäschst* *er wäscht*	**wusch**	wüsche	**gewaschen**
weisen 指し示す	*du weist* *er weist*	**wies**	wiese	**gewiesen**
wenden 向ける		**wandte**	wendete	**gewandt**
werben 募る	*du wirbst* *er wirbt*	**warb**	würbe	**geworben**
werden (s) 〜になる	*du wirst* *er wird*	**wurde**	würde	**geworden** **(worden)**
werfen 投げる	*du wirfst* *er wirft*	**warf**	würfe (wärfe)	**geworfen**
wissen 知っている	*ich weiß* *du weißt* *er weiß*	**wusste**	wüsste	**gewusst**
ziehen 引く		**zog**	zöge	**gezogen**
zwingen 強いる		**zwang**	zwänge	**gezwungen**

付録（4）「話法の助動詞」の変化表

不定詞	直説法現在	過去基本形	接続法第2式	過去分詞
dürfen 〜してもよい	*ich darf* *du darfst* *er darf*	**durfte**	dürfte	**gedurft** (dürfen)
können 〜できる	*ich kann* *du kannst* *er kann*	**konnte**	könnte	**gekonnt** (können)
mögen 〜かもしれ 　ない	*ich mag* *du magst* *er mag*	**mochte**	möchte	**gemocht** (mögen)
müssen 〜しなければ 　ならない	*ich muss* *du musst* *er muss*	**musste**	müsste	**gemusst** (müssen)
sollen 〜すべきで 　ある	*ich soll* *du sollst* *er soll*	**sollte**	sollte	**gesollt** (sollen)
wollen 〜するつもり 　である	*ich will* *du willst* *er will*	**wollte**	wollte	**gewollt** (wollen)

【著者紹介】

七字眞明 (しちじ　まさあき)

慶應義塾大学経済学部教授、同大学外国語教育研究センター所長
1989年慶應義塾大学大学院文学研究科博士課程単位取得退学。明治学院大学非常勤講師、慶應義塾大学経済学部専任講師、同助教授等を経て2002年より現職。専攻分野は近・現代ドイツ文学、ドイツ美術史。著書に『ドイツ語基本単語・表現集第二版』慶應義塾大学出版会、1994年（共著）、慶應義塾大学通信教育課程テキスト『ドイツ語第三部』2009年（共著）等。主な論文に『„Wirklichkeit" und „Idee" oder die „Teile" und das „Ganze" eines Kunstwerkes – Adalbert Stifters Kunstauffassung in seinen späteren Schriften zur bildenden Kunst –』（慶應義塾大学日吉紀要『ドイツ語学・文学』1999年）等。

山口祐子 (やまぐち　ゆうこ)

慶應義塾大学経済学部准教授
2011年慶應義塾大学大学院文学研究科修了（博士・文学）。法政大学経済学部・社会学部兼任講師、獨協大学外国語学部非常勤講師、中央大学文学部兼任講師、慶應義塾大学経済学部専任講師等を経て2015年より現職。専攻分野は現代ドイツ文学・文化研究（20世紀を中心に）。著書に『ドイツ語案内板』同学社、2008年（共著）、慶應義塾大学通信教育課程テキスト『ドイツ語第二部』2016年（共著）等。主な論文に「ルビッチとシュンツェルの幕間に：トゥホルスキーの映画草稿『シャボン玉』(1931)について」（慶應義塾大学日吉紀要『ドイツ語学・文学』2017年）等。

■制作協力
佐藤恵／津﨑正行／ Eva Wölbling ／ Lars Bauer

はじめて学ぶドイツ語文法

2023 年 7 月 20 日　初版第 1 刷発行

著　者————七字眞明・山口祐子
発行者————大野友寛
発行所————慶應義塾大学出版会株式会社
　　　　　　〒 108-8346　東京都港区三田 2-19-30
　　　　　　TEL〔編集部〕03-3451-0931
　　　　　　　　〔営業部〕03-3451-3584〈ご注文〉
　　　　　　　　〔　〃　〕03-3451-6926
　　　　　　FAX〔営業部〕03-3451-3122
　　　　　　振替　00190-8-155497
　　　　　　https://www.keio-up.co.jp/
装丁・本文デザイン——辻　聡
印刷・製本——中央精版印刷株式会社
カバー印刷——株式会社太平印刷社